월등하거나
열등하거나

你要么出众，要么出局
Author：李尚龙
All rights reserved
Korean copyright © 2018 by Daewonsa
Korean language edition arranged with China South Booky Culture Media Co., LTD
through Linking-Asia International Inc.

월등하거나
열등하거나

리샹룽(李尙龍) 지음
이지은 옮김

ﾷﾷ 대원사

이번 책은 나의 세 번째 책으로, 펜을 들 때부터 평소 갖고 있던 생각을 고스란히 담기로 마음먹었다.

이 책이 내 마지막 자기 계발서라면, 더 이상 글을 쓸 수 없다면, 새로운 분야에 뛰어들기 전에 전하는 마지막 작별 인사라면 나는 나 자신을 비롯해 주변 사람들, 독자들에게 무슨 말을 하고 싶은가? 이 문제를 놓고 오랫동안 고민했지만 결과적으로는 만족스러운 답변을 찾지 못했다.

그러던 어느 날 아침, 날 괴롭혔던 의문에 대한 해답을 찾을 수 있는 영감이 떠올랐다. 그리고 그 내용을 재빨리 종이에 받아 적었다.

"월등하거나 열등하거나"

혈기 넘치는 시절, 우리는 선택의 기로에 놓이게 된다.

'남보다 앞설 것인가, 아니면 남보다 뒤처져 자신의 무능함을 탓할 것인가?'

나는 2008년에 군사학교에 입학했다. 입학 첫날부터 나를 포함한 신입생들은 죄다 까까머리가 되어 똑같은 군복을 입고 행군해야 했다. 그중에는 다른 사람들보다 튀는 행동을 하는 신입생도 있었는데, 이들을 '관심사병'라고 불렀다. 말이 좋아 관심병사지 골치 아픈 문제아 취급하기 일쑤였다. 왜냐면 군사학교는 자신만의 개성을 드러내거나 남과 다른 성격을 가진 사람을 용납하지 않기 때문이다. 오로지 상관에 대한 무조건적 복종만 강요했다.

여드름 자국이 얼굴에 울긋불긋 피어난 동기들은 시시덕거리며 떼로 몰려다니곤 했는데, 그중 한 녀석이 날 향해 다가오더니 소름 돋는 말을 내뱉었다.

"야, 우리 좀 닮은 것 같지 않냐?"

어디서 말도 안 되는 소리냐며 '홱' 하고 거울을 비춰본 순간, 머리를 한 대 세게 얻어맞은 기분이었다. 녀석의 말대로 우리 두 사람은 놀랄 만큼 닮았기 때문이었다.

그 일이 있은 후, 정렬할 때마다 주변의 동기들을 자세히 관찰했다. 그리고 놀라운 사실을 발견했다. 수많은 동기들이 모두 똑같은 머리 모양에 똑같은 군복을 입고 있었다. 체형까지 비슷하다면 쌍둥이라고 해도 과언이 아닐 정도였다. 그 순간 남과 다르게 보이려면 어떻게 해야 하는지, 왠지 모를 초조함에 휩싸였다.

대만의 록밴드 우위에텐(五月天)의 노래 중에 이런 가사가 있다. "사람들의 얼굴이 모두 똑같다면 네가 어떻게 살았는가에 따라 다른 사람과는 다른 네가 될 것이다."

그래, 맞는 말이다. 반드시 사람들에게 내 자신을 맞출 필요도 없고, 다른 사람들과 똑같을 필요도 없다.

아직도 나는 텅 빈 교실, 체육관, 아니면 아무도 없는 구석에서 열심히 영어회화를 연습하던 어린 나 자신에게 감사하다. 유난히도 무더운 8월의 어느 날, 나는 나 자신에 대해 오롯이 생각할 수 있는 시간을 보내며 소중한 교훈을 가슴 깊이 새겼다. 그리고 나이를 먹고 나서야 한 가지 사실을 깨달을 수 있었다. 나비가 고치를 벗어야 화려한 날갯짓을 할 수 있고, 봉황이 뜨거운 불길을 견뎌야 그 속에서 새 생명을 얻을 수 있는 것처럼 제아무리 새로운 삶이라고 해도 죽기 살기로 발버둥 쳐야 하는 '수련'의 시간을 가져야 한다는 것이다. 그 결과에 따라 우리는 남보다 뛰어나거나 모든 것을 잃게 되는 궁지에 몰리게 된다.

사람이라는 존재가 원체 복잡다단하다 보니, 설령 실패했다고 해서 그것으로 끝나는 것이 아니라 끈질기게 버텨서 대기만성하기도 하고, 다시 밑바닥부터 시작하기도 한다.

사람은 자신이 힘들었던 시절을 애써 외면하려 한다. 이 글을 쓰는 나 역시 외로웠던 시간을 떠올리는 것은 결코 반갑지 않지만 그나마 다행인 것은, 생각하고 싶지도 않은 외로움과 역경의 시간이 결국에는 나를 남과 다른 존재로 만들어 주었다는 것이다.

군복을 입고 영어경시대회에 참가했을 때의 모습은 희미하지만 여전히 내 기억 속에 남아 있다. 촉촉이 젖은 눈가, 나는 눈부신 무대 조명 아래에서 감격의 순간을 만끽하고 있었다.

그날 이후, 남들과는 다르게, 누구에게도 대체될 수 없는 존재가 되기로 마음먹었다. 영어경시대회에서 전국 3위에 오르면서 내 삶은 전혀 다른 방향으로 흘러가기 시작했다. 이 일을 계기로 어떻게 살아야 할 것인지 확신할 수 있었기 때문이다.

쉬지 않고 변하는 시대에서 누구에게도 대체될 수 없는 사람만이 안정적인 삶을 영위할 수 있다. 죽기 살기로 노력해야만 평범한 사람의 평범한 삶을 보낼 수 있다. 그리고 그 시대에는 '옵션' 따위는 필요 없다. 도 아니면 모, 그것이 시대의 법칙이다.

몇 년의 시간이 흐른 뒤, 나는 중국 최대 교육업체인 신둥팡(新東方)에서 강사로 일하게 됐다. 베이징에서 얻은 첫 직장으로, 그곳에서 3년 동안 근무했다.

사람들은 누군가에게 자신의 꿈에 대해 이야기하는 것을 꺼린다. 괜히 이야기했다가 나중에 꿈을 이루지 못하기라도 하면 허풍을 쳤다며 비웃음 당할까 두렵기 때문이다. 그러나 당시의 나는 업계에서 존경받는 명강사가 되겠다며 동료 강사들에게 입버릇처럼 이야기하곤 했다. 그래서 강사로 일하며 첫 2년 동안 좋은 강의를 들려주기 위해 무척이나 공을 들였다. 매일 밤늦도록 다음 날 수업 내용을 준비하는 것은 물론, 벽을 보고 준비한 내용을 시연하거나 녹음하기도 했다. 수업 원고를 손으로 직접 써가며 어색한 부분을 여러 번 고치기도 했다. 당시에는 강사 대부분의 커리큘럼이 들쑥날쑥했던 것으로 기억한다. 잘나가는 스타강사는 매일 몇 시간씩 수업했던 것에 반해, 커리큘럼 하나 배정받지 못한 강사도 있었다. 나는 쉴 틈 없이 빽빽한 커리큘럼을 소화한 것은 물론 학생들로부터 높은 평점을 받기도 했다.

3년차가 되자, 10시간 이상 수업하는 날이 매일같이 이어졌다. 그러다 보니 눈 감고도 수업 내용을 줄줄 읊을 만큼 익숙해졌다. 베이징의 최남단에서 최북단으로, 시 외곽에서 시내로 정신없이 뛰어다니는 일상이 계속 반복됐다. 더 이상 성장하지 못했지만 이 일이라면 평생 직업으로 삼아도 될 것 같다는 생각이 들었다. 이처럼 내가 안주할 수 있는 무언가를 찾아 헤매는 동안, 시대는 변하고 말았다.

당시 교육시장에서 온라인 교육이 무섭게 부상하며 기존 시스템에 과감히 도전장을 던졌다. 기존의 교육시스템보다 한층 저렴한 가격과 편리한 플랫폼으로 무장한 온라인 교육 서비스가 본격적으로 시장에 뛰어든 것이다. 학생들 사이에서 온라인 교육에 대한 관심과 호평이 폭발적으로 일어나면서 오프라인 교육 시장은 거대한 도전에 직면하고 말았다.

무엇보다도 내가 온라인 교육으로부터 받은 가장 큰 충격은 강의 방식의 패러다임이 새로운 형태로 진화했다는 사실이었다. 즉, 학생 수백 명이 동시에 청강하는 수업이 몽땅 사라지고, 수십 명 혹은 몇몇 학생만 청강할 수 있는 소규모 반이 그 자리를 차지했다.

그제야 나는 이 세상의 모든 존재는 끊임없이 변한다는 이치를 뼈저리게 깨달을 수 있었다. 상대가 변하는데 내가 변하지 않으면,

결국 나는 상대보다 뒤처지고 도태될 수밖에 없다.

그해 몇몇 동료 강사들과 함께 인터넷상에서 온라인 수업을 개설하고 몰래 수강생을 모집했다. 그러자 이튿날 상사가 나타나 회사 임원들이 내린 '금지 명령'을 어겼다면서 이 일로 이미 수많은 강사가 해고됐다는 이야기를 들려줬다.

우리가 사는 시대에는 '규칙'이라는 것이 존재한다. 만일 이 규칙이라는 것이 유독 상사의 규칙과 크게 어긋난다면 당신은 어떤 선택을 내릴 것인가?

그때의 결정은 여태껏 살면서 처음으로, 이성보다는 마음의 소리를 따라 내린 선택이었다. 규칙에 따라 며칠 후에 나는 사직서를 제출했다. 호기롭게 사직서를 냈지만 방 임대료도 내지 못할 만큼 가난하고 힘든 시간을 보내야 했다. 높은 연봉이 보장된 일을 왜 그만뒀냐는 부모님의 물음에 나는 더 넓은 세상을 보기 위해 그만뒀다고 대답했다.

손에 아무것도 쥐고 있지 않던 그 시절 덕분에 나는 더 나은 자신이 될 수 있었다. 밑바닥까지 떨어졌으니 더 이상 내려갈 곳이 없다며 내심 자신을 위로했지만 그건 교과서에나 나올 법한 이야기였다. 왜냐면 매번 밑바닥이라고 생각했던 곳이 '산허리'에 불과했다는 것을 눈앞의 현실을 겪으며 깨달았기 때문이다. 사람이 밑바닥까지 내려가게 되면, 이제는 밑바닥을 찍고 올라오는 길밖에 없다. 행운의 여신도 노력하는 사람에게는 그리 매정하게 굴지는 않는 법이다.

퇴사한 동료들과 함께 '카오충(考蟲)'이라는 회사를 차렸다. 직원 수가 처음에는 10명도 채 안 됐지만 십여 명으로 늘어나더니, 지금은 수백 명에 달할 정도로 규모가 커졌다. 대학생 수백만 명이 우리 덕분에 최고의 실력을 갖춘 스타강사의 수업을 들으며 시험을 통과하거나 좋은 성적을 거둘 수 있었다.

그때 회사를 떠나기로 결정한 내 선택이 옳았다는 것이 눈에 보이는 성과로 나타나자, 내심 뿌듯한 기분을 감출 수 없었다. 당시의 나는 평범함을 거부하고 탁월함을 따라야 하는 까닭을 조금씩 깨닫기 시작했다.

청춘에게 어중간한 상태는 용납되지 않는다. 굵은 땀방울을 뚝뚝 흘리는 노력을 통해 남보다 월등하든지, 은근슬쩍 현실에 안주하며 열등하게 살아갈 것인지 둘 중에 하나를 선택해야 한다.

나중에 글을 쓰기 시작한 나는 얼렁뚱땅 작가가 되었다. 한 회의장에서 만난 문단 선배님으로부터 누가 등단시켜 줬냐는 질문을 받았다.

"등단이라는 걸 누가 시켜 줘야 하는 건가요?"

내 대답을 들은 선배님이 순간 당황스러운 표정을 짓더니 이내 침착하게 말씀하셨다.

"당연한 것 아닌가? 게다가 자네는 집필한 지 1년 만에 베스트셀러 작가 반열에 올랐으니 힘 꽤나 쓰는 사람이 등단시켜 줬을 것 같은데……."

이번에는 내가 당황할 차례였다. 그도 그럴 것이 아무한테서 도움을 받은 적 없기 때문이다.

처음 원고를 들고 출판사 편집자를 만났을 때가 기억난다. 내 원고를 본 상대는 웃음을 터뜨리며 이런 원고로 출간할 수 있겠느냐고 물었다. 편집 작업을 함께 시작하면서 편집자는 온갖 주문을 쏟아 놓기 시작했다. 이것도 안 된다, 저것도 안 된다며 원고의 절반 이상을 고치라고 지적했다. 그러면서 제대로 된 책을 내려면 몇 년 더 '수련'해야겠다는 충고도 들려줬다. 어찌나 화가 나던지 나중에는 원고를 돌려달라고 했다.

솔직히 말해서 내게 글 쓰는 재주가 있는지 의심한 적도 있었다. 하지만 내 자신을 의심할 바에야 현재를 소중히 여겨야 한다는 사실을 깨달았다. 타고난 재능이 부족하다면 후천적인 노력을 통해 메우면 된다. 그래서 매일 부지런히 글을 쓰기 시작했다. 그러다 보니 하드디스크가 꽉 찰 만큼의 글이 쌓였다. 그 때문에 키보드 여러 대와 노트북 수십 대를 날려먹기도 했다.

시간이 지나면서 내가 쓴 글을 읽고 세상을 바라보는 나의 시선, 그리고 내 손으로 쓴 이야기를 좋아하는 사람들이 서서히 늘기 시작했다. 누군가는 내게 글 쓰는 데 천부적인 능력을 타고났다고 말하지만, 지금의 자리에 오르기까지 수많은 사연이 숨겨져 있다는 것을 아무도 알지 못한다.

원고를 거절당했을 때의 좌절,

내 책인데도, 내 이름 대신 유명한 다른 작가의 이름을 쓰려고 했던 누군가를 향한 분노,

온라인 폭력에 고스란히 노출됐을 때의 공포,

그럼에도 컴퓨터 앞에 앉아서 글을 써야 하는 고통.

그렇게 내 글에 등장하는 글자 하나, 쉼표 하나, 마침표 하나는 모두 내 청춘이다.

2015년 《당신은 겉보기에 노력하고 있을 뿐(你只是看起来很努力)》 판매부수 100만 권 돌파, 당당왕(當當網, 중국 최대 인터넷 서점-역주)이 선정한 2015년 영향력이 큰 작가, 중국 아마존 2015년 신예작가……. 2016년 《불안하면 지금 시작하라(你所謂的穩定, 不過是在浪費生命)》 3개월 동안 판매부수 50만 권 돌파, 웨이보(微博, 중국판 트위터-역주)가 선정한 2016년 문화계 유명 인사 선정…….

눈부신 스포트라이트가 날 비출 때마다 그 빛을 등진 채, 아무것도 갖지 못했지만 무식하다고 할 정도로 열정을 불태웠던 그 시절의 나를 돌아보려 한다.

이 세상이 쉬지 않고 변하는 것처럼 우리도 끊임없이 변한다.

미래의 나는 과연 어디에 있을까? 여전히 강의를 하고 있을까, 아니면 글을 쓰고 있을까? 그것도 아니라면 영화를 계속 찍고 있을까?

이 책이 내 마지막 자기 계발서라면, 더 이상 글을 쓸 수 없다면, 새로운 분야에 뛰어들기 전에 전하는 마지막 작별 인사라면 나는

나 자신을 비롯해 주변 사람들, 독자들에게 무슨 말을 하고 싶은가?

첫째, 초심을 잃지 마라.

둘째, 매일 성장하라.

한때 믿었던 아름다운 존재를 잊지 마라. 순수한 사랑, 굳은 의지, 선한 행동, 성실한 노력을 믿어라. 이들은 가장 쉽게 잊히거나 부정되는, 단순하지만 아름다운 존재다. 어제보다 오늘 좀 더 나은 내가 될 수 있도록 노력하고, 한 번도 해 보지 못한 일에 도전하라. 언제든지 '궤도'를 갈아탈 수 있는 능력을 유지하면서 남과 다른 내가 되라.

아직도 가야 할 길이 멀다. 그 멀고 먼 길을 헤매다가 피곤에 지친 내 몸을 누일 곳을 찾을지도 모르겠다. 하지만 그 몸을 누이기 전에 후회하지 않을 만큼 부딪히고, 흔들리지 않고 제 의지를 지켜야 한다. 그래서 나이가 들어 내 자신에게 '하늘을 우러러 한 점 부끄러움도 없다.'고 말할 수 있었으면 좋겠다.

여러분이 그렇게 성장하는 데 내 글이 보탬이 되기를 바란다. 이 책을 통해 남과 다른 리샹룽을 만나 내가 들려주는 이야기에서 독자 스스로 자신을 만날 수 있기를 바란다.

베이징 싼리툰(三裏屯)에서 리샹룽

차 례

책을 펴내며 4

1 내일을 두려워하는 것 말고도
  우리는 후회에 맞서야 한다

  길들여진다는 것, 알고 보면 삶은 개구리 신세 19

  생각보다 지내기 쉽지 않은 '여유' 27

  지속적으로 집중력을 떨어뜨리는 단편적,
  간헐적인 정보 획득 35

  내일을 두려워하는 것 말고도
  우리는 후회에 맞서야 한다 44

  고독, 알고 보면 나를 업그레이드시키는 기회 53

  꿈을 좇는 사람, 꿈을 포기하는 사람 60

  답답할 땐 당장 떠나라 73

2 당신의 불만은 핑계에 불과하다

장밋빛 꿈, 그 속에 숨겨진 날카로운 가시 81

시간은, 묵묵히 노력하는 사람을 배신하지 않는다 93

우물 안 개구리처럼
평생을 보내야 하는 비극 피하기 99

당신의 불만은 핑계에 불과하다 107

약자는 기회를 좇고 강자는 기회를 만든다 116

오늘은 자유를 누리되 내일은 책임을 져라 125

1등이 그렇게 중요한 걸까? 133

그대여, 아무 걱정 말아요 138

도망칠 길이 없다면 앞만 보고 달려,
밑져야 본전이야 145

3 우리가 열광해야 할 것들

결코 단순하지 않은 '진실'의 판단 151

이해할 수 없다면 소통의 방법을 배워라 158

마음이 가난한 사람을 멀리하라 166

내면이 약한 사람의 존재감 175

용서하되 기억하라 183

알고 보면 곳곳에 숨어 있는 리틀빅 히어로 194

실수해도 괜찮아 마인드 컨트롤, 나만의 마이웨이 210

우리가 열광해야 할 것들 216

길을 잃고 방황할 때 그 길을 밝혀 줄 '별' 224

4 좋은 친구가 되는 법

좋은 친구가 되기 위한 수고 235

'안녕'이라는 말 한 마디 241

힘내라, 친구야 260

저자 후기 276

1

내일을
두려워하는 것 말고도
우리는
후회에 맞서야 한다

© 김민서

"차라리 바쁜 게 낫지, 노는 건 더 힘들어."
"하루가 그냥 이렇게 가네.
오늘 하루 종일 뭘 했는지 생각나지 않아."

길들여진다는 것,
알고 보면 삶은 개구리 신세

외부세계에 대한 인간의 인식을 연구하는 심리학 이론에 따르면 우리의 삶은 적응 공간, 학습 공간, 그리고 갈등 공간으로 나뉜다.

'적응 공간'에서 우리는 익숙한 환경에서 익숙한 사람들과 함께 매일 익숙한 일을 하며 지낸다. 그러다 보니 눈 감고도 척척 해낼 만큼 전문가가 따로 없다는 칭찬을 들을 때도 있다. 더할 나위 없이 편안한 나날의 연속이지만 결과적으로 봤을 때, 죽어가는 줄도 모르고 점점 뜨거워지는 물속을 유유자적 헤엄치는 '삶은 개구리 신세'를 면치 못한다.

베이징, 상하이, 광저우처럼 번화한 도시에서 멀쩡한 사람을 폐인으로 만드는 일은 무척 간단하다. 안정감이 느껴질 정도의 적당한 크기의 방, 인터넷이 가능한 컴퓨터 한 대만 있으면 충분하다. 음식 배달이 가능한 전화까지 갖추면 그야말로 금상첨화다. 앞으로 손을 쭉 뻗어 한 바퀴 빙 돌아보면, 당신이 필요로 하는 모든 것이 원 안에 있다는 것을 발견할 수 있을 것이다. 그 원을 우리는 '적응 공간'이라고 부른다.

올해 초, 프로모션 차원에서 지방 여러 곳을 돌아다니다가 베이징으로 돌아왔다. 한동안 보지 못한 친구들을 만나 술잔을 기울이며 그동안 쌓인 회포를 풀었다. 거기에는 얼마 전에 회사에서 해고된 M도 있었는데, 요새 뭐하고 지내냐는 친구들의 질문에 그냥저냥 지냈다고 했다.

"그냥저냥 지낸다니 무슨 말이야?"

"딱히 뭘 하는 건 아닌데 그냥 멍하니 있다 보니 한 달이 훌쩍 지났더라고. 지난 한 달 동안 뭘 하고 지냈는지 생각도 잘 안 나."

"그게 무슨 말도 안 되는 말이야? 회사에서 잘렸으면 열심히 다른 일자리를 찾아야지 가만히 손 놓고 있으면 어쩌려고 그래? 요새 회사 차리느라 내가 얼마나 바쁜지 알지? 지금 불난 집에 부채질하는 거야? 내 마음을 담아서 노래 한 곡 들려주마."

그리고 〈시간은 어디로 가는가〉 노래의 번호를 눌렀다.

"꺼져!"

회사에서 해고된 M은 요새 사업하느라 바쁘다는 다른 친구 P와 이내 투닥거리기 시작했다. 그 모습을 가만히 지켜보다가 M에게 조용히 물었다.

"휴대폰도 꺼버리고 싶을 만큼 그냥 아무 생각 없이 지내고 싶었던 거야?"

"아니, 그 정도까지는 아닌데 전화가 올 때마다 왠지 모르게 긴장하게 되더라. 지금의 평화로운 일상이 무너질 것 같다는 생각도 들고……."

친구의 말에 영화 〈쇼생크 탈출〉의 대사가 순간적으로 떠올랐다.

저 담벼락이란 게 참 웃긴단 말이야. 처음엔 싫어하다가 어느새 익숙해지거든. 세월이 흐르고 나면 기대지 않고선 못 살게 돼. 그게 길들여진다는 거야.

우리는 그것을 '체제화(institutionalization)'라고 부른다.

사람은 편안하고 익숙하게 느끼는 환경 속에 머물려는 습관이 있다. '적응 공간'이 일단 세워지면 적응 공간을 둘러싼 벽을 자신도 모르는 사이에 사랑하게 된다. 그리고 집 밖으로 한 발자국도 나가고 싶지 않다는 생각이 들 정도로, 튼튼한 담벼락으로 둘러

싸인 자신만의 세계에 틀어박힌 채 지내기 시작한다. 집 밖으로 나가면 무서운 괴물이라도 만날 것처럼 몸을 사리면서 말이다.

사실 적응 공간은 그 자체만으로는 아무런 문제도 없다. 그곳은 마치 집처럼 따뜻하고 편안하며, 누구나 갖고 있는 곳이기 때문이다. 그렇다고 해서 바깥세상의 다양한 풍경을 감상하지 않겠다며 스스로 벽 안에 갇히지 마라.

낯선 곳을 탐험하고 싶다는 생각에 무작정 달려 나갔다가 부모님한테 혼난 경험은 누구나 한 번쯤은 있을 것이다. 하지만 낯선 곳, 먼 곳으로 뛰어든 아이들은 부모의 걱정과 달리 집으로 돌아오는 길을 절대로 잊지 않는다. 바깥세상을 둘러본 뒤에야 자신이 모르는 세상이 얼마나 큰지, 자신이 얼마나 보잘 것 없는 존재인지 깨닫게 된다. 그리고 무엇보다 중요한 사실은 스스로 다음 탐험 계획을 세우기 시작한다는 것이다. 보이는 만큼 알게 되고, 아는 만큼 나만의 세상은 넓어진다.

국유기업에 다니는 친구가 하나 있는데, 평소에는 아침 9시에 출근했다가 5시에 퇴근하는 규칙적인 일상을 보낸다. 하지만 주말이 되면 마치 뭔가에 홀린 것처럼 잔뜩 멋을 낸 뒤 쇼핑하거나 친구들을 만나 수다를 떨기도 했다.

하루는 그녀와 만나 적응 공간에 대한 이야기를 하고 있었다.

"매일 정시에 출퇴근하고 남들만큼 열심히 일한 것 같아. 그 흔한 지각 한 번 없었지. 이 정도면 나도 부지런한 편 아니야?"

"지난 1년 동안 자신이 성장한 것 같아?"

"그러고 보니 정말 뭔가 변한 게 없는 것도 같고……."

적응 공간에 들어간 사람은 크게 두 가지 행동 양식을 보인다. 하나는 하루 종일 아무것도 하지 않고 빈둥거리고, 나머지 하나는 의미 없이 규칙적인 행동만 되풀이한다. 특히 후자의 경우 본인이 의식하기 어렵다는 점에서 더 큰 파급력을 지닌다.

아쉽게도 우리 대부분이 후자에 속하는 삶을 살고 있다. 겉으로는 누구 못지않게 열심히 노력하고 바쁘게 살고 있지만 본인 자신도 모르는 사이에 무의미한 행동을 규칙적으로 반복한다. 그런 삶은 심신에 일시적 안락을 주지만 본질적으로 변화의 계기는 제공해 주지 못한다.

병원 수납 센터에서 근무하는 친구는 말 걸 엄두가 나지 않을 정도로 하루 종일 오만상을 쓰고 있다. 하지만 퇴근과 동시에 그의 얼굴에는 환한 웃음꽃이 핀다. 그 친구를 보며 사람은 적응 공간에서 벗어났을 때 진심으로 행복해진다는 사실을 깨달았다. 즉, 사람은 적응 공간에서 벗어나야 더 나은 자신이 될 수 있고, 오랫동안 그 기쁨을 맛볼 수도 있다.

'땀 흘린 만큼 얻는다'는 글에서 나는 이 시대의 달인은 묵묵히 머리 숙인 채 살아가는 사람이 아니라 누구한테도 대체될 수 없는 창의력 넘치는 사람이라고 이야기한 적 있다. 개구리처럼 외부의 변화에 둔감해서는 시대에 의해 반드시 도태될 수밖에 없는 것이 엄연한 현실이다.

누구에게나 마음의 벽이 존재한다. 사람마다 다른 높이의 벽을 무너뜨리려면 본인 스스로 남다른 도전정신을 지녀야 한다. 미지의 세상을 탐험하거나 해 보지 않은 일에 도전하는 것도 좋다. 우리의 삶 곳곳에 숨겨져 있는 깜짝 선물을 찾기 위해 항상 스스로 호기심을 발휘해야 한다.

젊은 시절을 무의미하게 보내지 않겠노라 다짐했던 나는 회사에 출근한 첫날부터 절대로 야근하지 않겠다고 내 자신과 약속했다. 실제로도 일하는 내내 난 한 번도 야근하지 않았다. 회사를 차린 지금도 이사장한테서 야근하라는 요청을 받았지만 모두 거절했다.

"일이 끝나지 않았으면 야근하는 게 당연한 거 아냐? 왜 일에 최선을 다하지 않는 건가?"

"야근한다고 해서 최선을 다해 일하는 건가요? 대부분의 사람이 5일 내내 매일 8시간씩 앉아 일하지만 업무 효율은 10시간을 간신히 넘기죠. 하지만 전 10시간 일해도 업무 효율로 따지면 20

시간 이상입니다. 얼렁뚱땅 시간 때우는 게 아니라 주어진 시간에 제게 맡겨진 일을 다 끝냅니다. 과연 어느 쪽이 더 효율적이라고 생각하시나요?"

실제로 나는 야근하지 않는 편이 훨씬 효율적이라는 것을 행동으로 증명했다. 내게 주어진 시간 안에 여러 분야의 협력을 필요로 하는 많은 일을, 그것도 깔끔하게 처리해냈다.

사실 야근하기 싫은 이유가 그것뿐만은 아니다. 매일 틀에 박힌 일상에 적응하기 시작하면 나만의 창의력이나 개성을 발휘할 수 없기도 하다. 다람쥐 쳇바퀴 돌듯 고정된 삶의 방식이 익숙해지지 않도록 아직 젊을 때, 아직 정형화되기 전에 세상이 어떤 곳인지 최대한 많이 둘러보고 싶다.

적응 공간은 나중에 나이가 들어서 거동이 불편할 때 돌아가도 늦지 않다. 청년들이 학교를 졸업한 뒤 사무실에 틀어박혀 '사내 정치'에 열을 올리기보다는 세상이 얼마나 넓은지 그들 스스로 확인하기를 바란다.

적응 공간에서 벗어나라고 해서 무턱대고 사표를 던지라는 말이 아니다. 오히려 끝까지 살아남을 수 있는 자신만의 '비장의 카드'를 쥐는 동시에 삶 곳곳에 예상하지 못한 깜짝 선물을 잔뜩 숨겨 놓아야 한다. 예를 들어 한 번도 먹어본 적 없는 음식을 먹어보거나 유명 관광지가 아닌 곳을 친구와 여행하는 것도 좋다. 추억을 떠올릴 수 있는 콘서트에 가거나 처음 만난 상대에게 고백하는 것도 좋은 방법이다.

이야기를 하다 보니 영화 〈7번 방의 선물〉에서 교도소 담장에 걸린 노란 풍선과 자유를 갈망하는 주인공 부녀의 눈빛이 불현듯 떠오른다.

세상에는 자유를 갈망하는 수많은 사람이 존재한다. 자유롭게 움직일 수 있는 몸을 가진 우리는 왜 사고의 벽을 무너뜨리고 자유롭게 세상을 둘러보려 하지 않는가?

적응 공간에 갇혀 소중한 청춘을 허비하지 말고 청춘을 발판 삼아 당신을 가둔 벽을 뛰어넘어 세상을 만끽해라. 제자리에 머물기만 한다면 언젠가는 그 제자리마저 잃을 수 있다.

진정한 승자는 젊었을 때 거친 세상을 돌아다니며 자신의 능력을 시험할 줄 알아야 한다. 물론 그 속에서 방향을 잃고 헤매거나 현실의 벽에 부딪혀 상처를 입을 수도 있다. 하지만 그대의 발길 닿는 곳이 곧 그대의 세상이 된다는 사실을 명심하기 바란다.

도전하라, 청춘이여!

생각보다 지내기 쉽지 않은 '여유'

동북 지역에서도 시내에서 한참 떨어진 산골마을에 사는 친구 C를 만나기 위해 머나먼 여정에 올랐다. 비행기로 2시간 반을 날아가 다시 기차를 타고 2~3시간을 가야 하는 여정은 오랜만에 오지를 찾은 내게는 꽤나 고달픈 시간이었다. 자동차라고는 한 대도 보이지 않는 비포장도로 양쪽에는 희뿌연 먼지만 가득했다.

택시를 부를 수 있는 어플리케이션을 죄다 뒤졌지만 '서비스 지역이 아니'라는 공지사항만 뜰 뿐이었다. 간신히 택시를 잡은 나는 운전기사에게 알리페이(支付寶, 중국의 대표적인 모바일 결제 시스템 - 역주)로 요금을 이체해도 되겠냐고 물었다. 그러자 운전기사는 현금을 내라며 쌀쌀맞게 대답했다.

C가 살고 있는 곳은 오지라고 할 만큼 문명에서 멀리 떨어져

있어서 조용하고 한가하기 그지없었다. 길가를 오가는 사람들을 찾아보기 어려울 정도였으니 출퇴근 러시아워라는 말이 있을 리 만무하다.

C는 학교를 졸업한 후 이곳 산촌마을로 발령받았다. 원체 한적하고 조용한 곳이라 오전 8시에 출근했다가 점심이 되면 기숙사로 돌아가 휴식을 취했다. 다시 근무대로 복귀한 뒤 오후 5시가 되면 기숙사로 돌아가는 일상이 반복됐다. C의 어머니는 큰 문제없이 물 흐르듯 그저 그렇게 사는 게 좋다고 했단다. 그 말을 들은 또 다른 친구가 그게 뭐 그리 잘못된 것이냐며 반박했다.

"되면 되는 대로, 또 안 되면 안 되는 대로 사는 게 뭐 그리 잘못이야? 그저 그렇게 살다 보면 하루가 금세 지나가고, 또 그렇게 하루하루 지내다 보면 인생도 순식간에 흘러갈 텐데……."

허겁지겁 달려가는 사람도 좀처럼 볼 수 없을 만큼 산촌마을의 일상은 무척 고요했다. 일이 한가하다는 이야기는 예전부터 들어 알고는 있었지만 직접 만나고 나서야 그 말이 실감났다.

C의 말을 들어보니 이곳에 사는 사람들의 일상은 대부분 비슷했다.

"나랑 일하는 사람들 역시 대부분 근무시간에 게임을 하거나 신문을 보며 지내. 그것도 싫증날 때면 휴대폰을 만지작거리며 그저 근무시간이 끝나기만을 기다리지. 여긴 식당, 매점, 이동식 영업장, 농구장, 유치원 등 있어야 할 시설도 웬만큼 다 갖추고 있어. 산책하러 굳이 먼 곳까지 나갈 필요도 없지. 왜냐면 집집마다 널따란 뒷마당이 보기 좋게 들어서 있거든. 이런 생활이 오랫동안 반복되던 어느 날, 난 어디를 가도 이곳처럼 좋은 곳이 없다는 걸 깨달았어. 그때 직감했지, 절대로 이곳을 떠날 수 없다는 것을 말이야."

이번 여행에 동행했던 또 다른 친구가 부럽다는 표정을 지으며 입을 열었다.

"하루 종일 아무것도 하지 않아도 뭐라는 사람도 없고, 아침에 느지막이 출근했다가 저녁 때 칼퇴할 수 있는, 그런 '신의 직장'을 어디 가서 찾을 수 있어? 우리가 어떻게 사는지 알아? 오늘은 고객을 만나고 내일은 프로젝트를 처리해야 해. 그리고 모레는 온갖 '종류'의 사장님과 밥을 먹으며 접대를 해야 하지. 하루가 어떻게 지나가는지도 모르고 사는 게 우리야!"

그 말에 C는 알 수 없는 미소를 지었다.

"차라리 바쁜 게 낫지, 노는 건 더 힘들어."

누구는 아침부터 밤늦도록 일하느라 힘들어 죽겠는데 노는 게 더 힘들다니? 사람 약 올리는 것 같아 왠지 모르게 화가 났다.

하지만 이틀 후, 친구의 말이 거짓말이 아니라는 걸 뼈저리게 느낄 수 있었다. 그날, 난 친구 C를 따라 사무실로 출근했다. 친구가 신문을 읽는 동안, 난 옆에서 멍하니 휴대폰만 만지작거리며 시간을 보냈다. 친구가 가져다 준 차를 마시며 일상적인 대화를 나누자, 어느새 시계는 정오를 가리키고 있었다.

점심시간이 끝난 뒤, 다시 사무실로 출근한 우리 두 사람은 카드를 쳤다. 사무실에 앉아 있어도 할 일이 없다 보니 오후 4시까지 아래층에 있는 당구대에서 시간을 보냈다. 지겹게 당구를 치고 돌아온 사무실, 여전히 할 일이 없자 이번에는 책을 읽기 시작했다. 그때 누군가가 사무실에 나타나 전화를 몇 통 받더니 컴퓨터를 켜고 뭔가를 들여다보기 시작했다. 꽤나 분주하게 움직였지만 독서삼매경에 빠진 나는 신경도 쓰지 않았다. 그렇게 시간을 보내고 오후 5시 퇴근시간이 되었을 무렵, 나는 세 번째 책을 읽고 있었다.

식당으로 가는 길에 C를 향해 조용히 입을 열었다.

"하루가 그냥 이렇게 가네. 오늘 하루 종일 뭘 했는지 생각나지 않아."

저녁밥을 먹고 나오자 마을 상점들은 이미 영업 종료 간판을 내걸고 있었다. 갑자기 술 한잔이 당겼지만 이곳이라면 밤 11시에 문을 연 가게가 있을 리 없었다.

기숙사로 돌아온 뒤 침대에 벌러덩 누워 내일이 오기를 기다리며 친구와 의미 없는 대화를 나눴다. 세상 사는 이야기부터 국내외 뉴스, 고대와 현대를 넘나들며 온갖 주제에 대해 이야기하다가 문득 C에게 질문을 던졌다.

"그런데 말이야, 1년 중에서 오늘 같은 날이 며칠이나 되는 거야?"

"특별한 일이 아니라면 거의 매일 이렇게 지내."

이튿날에도 친구와 함께 어제와 같은 시간을 보냈다.

저녁 식사를 마친 우리들은 술 한잔 마시기로 했다. 주문한 술을 마시며 친구에게 베이징으로 돌아가겠다고 말했다.

"왜 벌써 가려고?"

"이틀에 불과했지만 내게는 무척 힘든 시간이었어."

"후후후, 넌 겨우 이틀째지만 난 거의 매일 이렇게 살아."

여러 소도시를 다니다 보니 알게 된 사실이 하나 있다. 그곳에 사는 젊은이들이 대도시에서 일에 치여 죽을지언정 조용한 고향을 어떻게든 벗어나려는 이유 말이다. 그들은 일하다가 쓰러지고 매일같이 야근해도 상관없다며 베이징, 상하이, 광저우 같은 대도시를 향해 거침없이 달려간다. 심심해서 죽을 바에야 바빠서 죽겠다는 이들은 하나같이 입을 모아 이렇게 말한다.

"한 번뿐인 청춘, 제대로 미치지 않으면 제대로 만끽할 수 없다!"

'망중한(忙中閑)'이라는 말처럼 매일같이 정신없이 바쁜 일상을 보내다가 불현듯 찾아온 짧은 휴식은 그야말로 '꿀맛'이다. 매일 빈둥거리는 사람이 그 맛을 알 리 없다. 5킬로미터를 숨 가쁘게 달려온 사람이라면 임무를 완수하고 털썩 제자리에 드러누웠을 때의 만족감을 진정으로 즐길 수 있을 것이다. 이와 반대로 하루 종일 드러누워 있던 사람에게 계속 누워 있으라고 해 봤자 허리만 아플 뿐이다.

이처럼 우리의 삶에서 일과 쉼〔休〕 사이의 균형은 무척 중요하다. 특히 우리 같은 젊은 사람들은 힘들다고 불평할 것 없다. 일에 지쳐 피곤한 게 무슨 대수겠는가! 힘들 때마다 할 일 없이 지내는 것이 더 힘들다는 사실을 떠올려 보라.

사실 바쁘게 지낼 만큼 일이 있다는 건 무척 행복한 일이다. 그렇다고 해서 무조건 바쁜 게 좋다는 건 아니다. 아무런 의미도 없는 일을 처리하느라 동분서주해 봤자 아무것도 얻지 못한다. 바쁜 와중에도 최소한 한 걸음이라도 더 나아가고, 더 달라져야 한다. 방바닥에 드러누워 세월아 네월아 하는 사람들은 세상이 항상 변하고 있다는 사실을 알지 못한다.

든든한 배경이 있으면 아무 걱정 없이 잘 살 수 있다고 생각하지만, 사실은 '아무 걱정 없는 삶'이 곧 소중한 생명을 갉아먹는 독임을 알지 못한다. 그 든든한 배경이 언젠가 사라지면 매일 똑같은 일상, 항상 제자리에 머물러 있는 시간이 다시는 찾아올 수 없다는 사실을 깨닫게 될 것이다.

어제보다 더 나은 오늘, 오늘보다 더 바뀐 내일이 있어야 삶에 활기가 더해진다. "구르는 돌에 이끼 끼지 않는다."는 말처럼 분주한 일상을 통해 우리는 삶의 활력을 얻을 수 있다.

물을 거슬러 올라가는 배는 앞으로 나아가지 않으면 뒤로 밀려나는 법이다. 그러니 몸 사릴 것 없이 과감히 삶에 도전하며 그 속에서 열심히, 바쁘게 살아라. 어차피 한 번뿐인 청춘, 인생이다.

무언가를 위해 굵은 땀방울을 흘리고, 또 무언가를 위해 자신의 모든 능력과 열정을 쏟아 낼 수 있을 만큼 미치지 않고서야 청춘과 인생을 누릴 자격이 있겠는가!

어른들은 큰 굴곡 없이 무난하게 사는 게 복이라고 말하지만 지금 우리가 사는 세상이 얼마나 빠르게 변하고 있는지 잊고 계신 것 같다. 특별히 하는 일 없이 그저 하루 종일 '오늘도 무사히'를 외치는 사람은 결국 시대의 물결에 휩쓸리기 마련이다. 평화로운 일상이야말로 순식간에 변하는 세상에서 가장 위험한 존재다.

게다가 무난하게 사는 게 복이라고 이야기할 수 있는 자격은 우리네 부모님처럼 인생의 쓴맛, 단맛을 모두 맛본 세대에게 주어질 뿐이다. 세상이 어떤 것인지도 제대로 알지 못하면서 인생 별거 아니라고 말할 자격 따위 없다. 입버릇처럼 그렇게 말해 봤자 자신의 인생이 별것 아니라고 고백하는 것과 다름없다.

유유자적한 삶이야말로 오히려 가장 피곤한 삶이다. 그러니 바쁘게 살아라. 그래야 세상을 얻을 수도, 즐길 수도 있다. 아무 목적도 없이 소중한 청춘을 흘려보내며 허송세월하는 편이 더 힘들고 괴롭다.

친구 C를 만난 지 이틀째 됐을 때, 우리는 다음 날 이곳을 떠나기로 했다. 이별을 앞두고 마지막 식사를 함께하던 C가 조용히 입을 열었다.

"2년 안에 사직서를 낼 생각이야. 떠날 수 있을 때 떠나려고⋯⋯."

친구의 말에 난 머리를 끄덕였다.

베이징으로 향하는 비행기 안에서 문득 이런 생각이 들었다.

'사람이라면 누구나 화려하게 비상할 날을 꿈꾸고, 장밋빛 인생을 그리고 있다는 것을⋯⋯.'

하지만 거센 비바람과 먹구름이 지나가야 눈부신 푸른 하늘이 모습을 드러내는 법이다. 인생의 바닥까지 추락해 봐야 일상의 소중함은 물론, 더 높이 오를 수 있는 힘도 얻을 수 있다. 살아갈 날이 더 많은 청춘, 망중한의 여유를 소중히 느낄 수 있을 만큼 바쁘게 살아야 한다.

지속적으로 집중력을 떨어뜨리는
단편적, 간헐적인 정보 획득

    그날은 친구와 함께 강의를 듣기로 한 날이었다. 강연하는 동안 노트북을 두들겨 대던 나와 달리 내 친구는 강의 틈틈이 고개를 숙인 채 휴대폰을 들여다봤다. 5분마다 휴대폰을 들여다보는 친구를 보면서 일이 많아 그런가보다 싶어 처음에는 아무 말도 하지 않았다. 하지만 계속 손에서 휴대폰을 놓지 않아 아무래도 무슨 일이 있는 것 같다는 생각이 들었다.

    휴대폰 화면을 슬쩍 보니 친구를 찾는 문자 메시지나 부재 중 통화 기록은 하나도 없었다. 등록된 상대의 목록을 훑어보던 친구는 무료한지 SNS을 쭉 내려보다가 '좋아요'를 두 번 누르는 게 고작이었다.

"뭐야, 누구한테서 문자라도 왔어?"

"그런 건 아닌데, 혹시 올지도 모르니까……."

"앞에서 저렇게 열심히 강의하는데 딴짓하지 말고 열심히 수업 들어."

내 말에 갑자기 자세를 바로잡으며 진지한 표정으로 질문을 던졌다.

"나 말이야, 아무래도 스마트폰에 중독된 것 같아. 휴대폰을 집에 두고 온 날이면 아무 일도 손에 잡히지 않을 만큼 불안해. 누군가가 날 찾지 않을까, 엄청난 사건이 터졌는데 나만 모르고 있는 건 아닐까 초조하기도 하고. 휴대폰 말고 책이나 신문은 거의 읽지 않고, 설사 읽어도 무슨 말인지 한 번에 이해되지 않아. 혹시 이거 병 아닐까?"

"확실히 병 맞네!"

인터넷에서 '휴대전화중독증후군'이라고 불리는 병에 내 친구가 걸린 게 분명했다. 이 증후군은 집중력 감퇴, 독립적 사고의 어려움과 같은 증세가 나타난다. 게다가 무분별한 온갖 종류의 정보에 휩싸여 방향을 잃고, 자신이 뭘 해야 하는지, 심지어 자신이 무엇을 원하는지조차 알지 못하게 만든다.

당신도 스마트폰에 중독된 것은 아닌지 다음 항목을 체크해보라.

1 누군가가 당신을 찾고 있을 것이라고 생각하는가? 만약 아무
  도 당신을 찾지 않았다면 시간 날 때마다 메일이나 블로그,
  SNS을 살펴보는가?

2 텍스트로 된 무언가를 읽는 것보다 짧은 영상물 한 편을 보는
  쪽이 더 편한가?

3 소설, 역사, 철학과 같이 긴 내용의 글보다 프로필 메시지처
  럼 짧은 글을 읽는 쪽이 더 편한가?

4 다른 사람이 여러 번 재확인시켜 줘야 할 만큼 기억력이 점점
  떨어지는 것 같은가?

5 매일 5시간 이상 손에서 휴대폰을 놓지 못하는가?

위의 문항 중 3개 이상에 '예'라고 답했다면 당신의 중추신경
은 지금 휴대전화중독증후군에 노출된 게 확실하다. 이 중독이
당신의 대뇌를 조금씩 갉아먹다가 급기야는 당신을 생각할 줄
모르는 바보로 전락시킬 것이다.

새로운 지식이 쉴 새 없이 쏟아지는 오늘날, 인터넷은 인간에
게 엄청난 편의를 제공했을 뿐만 아니라 자투리 시간을 효과적
으로 보낼 수 있는 방법을 알려 줬다. 그렇게 해서 얻은 정보와
이슈들은 우리의 삶에 파고들기 시작했지만 이들은 우리에게 도
움이 될 만한 지식이 될 수 없다. 진정한 지식은 오랜 시간을 거

처 심도 있는 논의와 사고, 선택과 수정, 사회적 합의 등을 통해서만 얻을 수 있기 때문이다.

매일 우리가 읽는 정보는 끊임없이 '새로고침' 되고, 새로운 사실이 연거푸 폭로된다. 하지만 이들 대부분은 순식간에 나타났다가 사라지는 '핫이슈'에 불과할 뿐이다. 심지어 개중에는 광고도 포함되어 있다.

이른바 핫이슈는 시간이 지날수록 큰 힘을 발휘하지 못한다. 유명 스타의 이혼 사건을 놓고 누구의 잘잘못을 따진다 한들 무슨 소용이랴? 위자료로 얼마를 줘야 할지, 또 양육권은 누구에게 돌아가야 할지 이야기해 봤자 당신에게 하등의 도움도 되지 못한다.

진정한 지식은 객관적 지식 뒤에 숨어 있는 의미를 습득하고 사고할 수 있어야 한다. 이를테면 혼인법에서는 '외도'를 어떻게 해석하고 있는가, 미국의 혼인 법률에서는 이러한 상황을 어떻게 규정하는가, 어떤 형태의 사랑이 오래 유지될 수 있을까, 연예계의 산업 사슬 등등 이러한 지식은 신문기사 한 줄, SNS만으로 충분히 설명할 수 있는 것이 아니다. 대량의 자료를 조사하고 객관적 사실을 판단해야만 비로소 자신이 쓸 수 있는 지식으로 거듭날 수 있다.

사람들의 주목을 끌며 순식간에 나타났다가 사라지는 정보는 기껏해야 화젯거리에 그칠 뿐, 본질적 의미에 대해 진지하게 고민할 수 있는 지식으로 승화되기는 어렵다.

다시 한 번 강조하지만 진정한 의미의 지식으로 변할 수 있는 것은 극소수의 '정보원'일 뿐이다. 해당 지식은 오랜 시간을 걸쳐 사고하고 사회적으로 광범위한 논의를 통해서만 획득할 수 있다. 여기서 말하는 오랜 시간을 걸친 사고는 휴대폰에서 얻은 정보를 사고의 대상으로 삼지 않는다. 해당 정보는 여러 사람들에 의해 수없이 음미되고, 심지어 다양한 관점에서 쉴 새 없이 비판의 세례를 받아야 한다.

오래 전에 나는 불필요한 인맥을 버리라는 논조의 글을 쓴 적 있다. 그 이후에 '무의미한 인맥을 유지하는 것보다는 양질의 고독이 낫다', '불필요한 인맥을 왜 버려야 하는가?' 등처럼 다양한 작가가 쓴 다양한 글이 등장했다. 자세히 읽어보니 나보다 문체가 좋은 편이기는 했지만 이야기하려는 주제는 동일했다. 같은 주제의 글을 여러 번 읽어봤자 시간 낭비일 뿐이다. 깊은 사고 없이 단편적인 내용을 여러 번 읽으며 그 의미를 곱씹어 봤자 결국 소중한 시간만 낭비할 뿐이다.

불필요한 인맥을 원치 않는다면 올바른 인간관계는 어떻게 형성해야 하는가, 자신의 고독이 '양질'이 될 수 있도록 구체적으로 무엇을 해야 하는가, 혼자서 지내는 것 외에 고독을 '만끽'할 수 있는 방법으로는 무엇이 있는가, 등등 우리는 왜 이런 문제를 생각하지 않는가!

이처럼 단편적, 또는 간헐적 정보 획득은 개인의 집중력을 지속적으로 떨어뜨린다. 쉽게 말해서 우리의 두뇌는 몇 분 안에 읽거나 이해할 수 있는 단편적, 일차적인 사고에 길들여지고 만다. 그러다 보니 집중력이 떨어져 장편소설이나 깊이 있는 사고를 요하는 작업을 수행하는 데 어려움을 겪게 된다.

다음 내용 중에 당신에게 해당하는 항목이 있는지 확인해 보라.

1 3일 또는 일주일 안에 소설 1권을 다 읽지 못하는 편이다.
2 영화 한 편을 미처 다 보기도 전에 영화평을 남기곤 한다.
3 2시간 안에 자신의 생각을 2천 자 이내로 완성하지 못한다.
4 2시간짜리 수업을 듣는 동안 단 한 번도 휴대폰을 들여다본 적 없다.

아마 모르긴 해도 대부분 자신이 해당한다고 대답할 것이다. 그중 몇몇은 마뜩치 않다는 표정으로 이렇게 물을 수도 있겠다.

"요새처럼 방대한 양의 정보가 쏟아지는 상황에서 자투리 시간을 이용하는 게 뭐 그리 잘못된 거죠? 수많은 정보를 틈틈이 살펴봐야 하지 않겠습니까?"

하지만 사실은 결코 그렇지 않다. 정보를 쉽게 획득할수록 대량의 정보와 뉴스가 등장했을 때 당신이 해야 할 일은 그것을 기억하기보다는 일단 '뺄셈'부터 해야 한다. 불필요한 정보를 즉시 버릴 수 있을 만큼 '뺄셈'에 능한 사람이라면 자신이 뭘 필요로 하는지 잘 아는 사람이다. 하지만 자신이 진정으로 원하는 것이 무엇인지 자신에게 묻지도 않고, 그저 남들 하는 대로 쫓아다니거나 '신상'이라며 열광해 봤자 성장하기 어렵다.

친구 중에 새로운 것을 유독 좋아하는 녀석이 있다. 어릴 때 친구들이 음악을 배우자, 그 친구는 부모님한테 기타학원에 보내달라고 며칠 동안 떼를 쓰기도 했다. 장성한 친구들이 하나둘씩 직장생활을 시작하니 공무원이 되겠다며 공부에 매달리기 시작했다. 그것도 잠시, 누군가가 사직서를 냈다는 소식을 어디서 들었는지 하던 공부를 때려치우고 인터넷 회사를 차렸다. 얼마 전에는 주변 사람들이 '위챗(微信)'이라는 모바일 메신저를 사용한다는 소식에 자신도 냉큼 계정을 하나 팠다.

그 친구는 사람들이 관심을 갖는 것이라면 무조건 따라 하고, 유행을 쫓아야만 직성이 풀리는 것 같았다. 하지만 결과적으로 그는 길을 잃고 만 것이 되었다. 사람들의 뒤꽁무니만 무턱대고 쫓고 쫓다 보니, 어디로 나아가야 할지 스스로 알지를 못했다.

"열심히 공부한 만큼 성적이 나오지 않아. 뭔가 사회적으로 커다란 변화를 몰고 올 수 있는 그런 중요한 변혁의 순간이 되면 나도 남들처럼 기회를 잡기 위해 열심히 뛰어다녀. 성공하는 데 필요한 정보도 꼼꼼히 챙기는 편인데, 왜 난 항상 아무것도 이루지 못하는 거지?"

걸핏하면 자신의 처지를 비관하며 불만을 터뜨리는 친구에게 나는 이런 대답을 들려주고 싶다.

"남의 시선이 무서워서 공부하고, 남의 시선에 사로잡혀 자신을 바꾸려는 사람이 우리 주변에는 많아. 다른 사람이 공부한다고 해서 나도 공부하고, 다른 사람이 관심을 보인다면 나도 그 대상에 관심을 보여야 해. 다른 사람이 하는 일이라면 뒤질세라 잽싸게 따라 하기도 하지. 하지만 자신이 무엇을 원하는지 정작 나자신에게는 묻지 않아. 그저 남의 시선, 남의 생각에 밀려 내 자신의 목소리에는 귀를 닫지. 그러니 아무것도 이루지 못할 수밖에……."

자신이 무엇을 원하는지 모른다면, 정보를 확인하기 전에 자신이 원하는 것인지 스스로 물어봐야 한다. 그렇지 않은 상태에서 고급 정보를 손에 넣어 봤자 결국 활용할 수도 없다.

따라서 쏟아지는 정보를 닥치는 대로 받아들이기 전에 자신에게 필요한 것인지 먼저 스스로 자문해 본 다음 '옥석'을 가린다. 그리고 자신의 관심사에 해당하지 않는 것이라면 그다지 관심을 기울이지 않아도 된다. 자투리 시간을 쪼개가며 이것저것 저울질하고 머리를 굴리느니 차라리 책을 읽거나 단어를 외우는 게 낫다. 아니면 이어폰을 끼고 음악을 들으며 기분 전환하는 것도 좋다.

정보는 사람을 위해 활용되어야지 결코 사람을 지배해서는 안 된다. 사람 역시 마찬가지다. 몇몇 단편적인 이슈에 사로잡혀 무조건 덤벼들 것이 아니라 자신이 원하는 목표에 집중하고 절제할 줄 알아야 한다.

내일을 두려워하는 것 말고도
우리는 후회에 맞서야 한다

실패하는 사람이 실패하는 이유는 제각각이지만 성공한 사람들이 성공한 이유는 대체적으로 비슷한 경향을 보인다. 그들 사이에서 몇 가지 공통점을 찾아볼 수 있는데, 그중 가장 흔히 볼 수 있는 점은 그들 모두 자신의 시간을 소중히 여기고, 시간을 효율적으로 사용할 줄 알았다는 것이다.

거액의 자산을 창출할 수 있는 사람에게는 돈보다 시간이 더 중요하다. '금수저'도 아니고 넉넉히 쓸 만한 돈도, 비빌 만한 언덕도 없는 이제 막 스무 살을 넘긴 청년이라면 분명히 엄청난 시간이 주어진다. 그 시간을 어떻게 보내느냐에 따라 인생의 실패자가 될 수도, 더 나은 자신이 될 수도 있다.

다음 이야기를 통해 여러분과 함께 고민해 보는 시간을 가져 보려 한다.

내 친구 중에 누구보다도 행복하게 살고 있는 A가 있다. 직장 생활을 하지 않아도 될 만큼 능력 있는 남편 덕분에 그녀는 손끝에 물 한 방울 묻히지 않아도 됐다. 남편이 자신을 어찌나 사랑하는지, 자신이 집안 살림을 도맡을 테니 당신은 '미모' 가꾸는 일에만 힘쓰라고 했단다.

결혼생활 3년 차인 두 사람의 애정전선에는 아무런 문제도 없어 보였다. 남편은 이따금 일찍 퇴근해 자신을 위해 맛있는 식사를 준비하거나 아름다운 꽃을 선물하기도 했단다.

"뭐야, 지금 사람 염장 지르는 거야? 사람이 양심이 있어야지, 다른 사람도 아니고 싱글인 나한테 행복해서 죽을 것 같다고 자랑하다니!"

하지만 A는 침울한 표정으로 계속해서 이야기를 이어 갔다.

"사실 원래 하던 일이 있었는데 일하기 힘들고 하고 싶었던 일도 아니라서 남편만 믿고 회사를 그만뒀어. 날 끔찍이 사랑해 주는 남편 덕분에 나도 행복했어. 그런데 갑자기 이런 생각이 드는 거야. '남편이 날 사랑해 주기 때문에 행복할 수 있지만 그 사랑이 변하면 어떻게 될까?' 나보다 더 예쁜 여자를 만나거나 말이 통하는 여자를 만날 수도 있잖아. 아니면 나중에 나이가 들어서 젊은 여자한테 마음을 빼앗길 수도 있고…….”

그 후로도 A는 계속해서 '만약'이라는 단어를 남발하며 아직 일어나지도 않은 일을 이미 일어난 것처럼 이야기했다. 날 바라보는 A의 눈빛은 공포와 슬픔으로 잔뜩 흐려 있었다.

“그래서 날 영원히 사랑하겠다고 맹세하라며 남편을 여러 번 채근했어. 그렇게 하면 왠지 안심할 수 있을 것 같았거든. 그런데 생각과 달리 점점 불안해지는 거야! '남편이 날 떠나면 어쩌지?, 내 삶의 유일한 중심이 사라지면 어떡하지?' 하고 말이야.”

“두 사람의 마음은 확실해?”

“응, 더할 나위 없이 확실하지.”

“그렇게 확실하다면서 왜 불안해하는 거야?”

“왜냐면 지금처럼 행복한 시간도 결국 한때라는 걸 너무 잘 알고 있거든. 지금은 남편이 날 사랑해서 많은 걸 희생하고 있지만 언젠가 힘이 부치면, 아니면 내게 싫증날 수도 있잖아. 게다가 난 생활력도 없으니 남편이 날 귀찮게 생각할 수도 있고…….”

“그런데 말이야, 이렇게 고민하는 것 말고 지금까지 넌 뭘 했는데?”

내 물음에 A는 아무 말도 하지 못했다. 그녀는 아직 일어나지도 않은 미래의 일을 걱정하며 괴로워했을 뿐, 정작 고민을 해결할 수 있는 아무런 행동도 취하지 않았다.

인도 영화 〈세 얼간이〉의 주인공 중 한 명인 라주는 찢어지게 가난한 집, 병든 아버지와 식구들을 책임지기 위해 무조건 대기업에 취직해야 한다는 신념을 가진 청년가장이다. 그래서 시험보기 전에 항상 신에게 좋은 점수를 받게 해 달라고 기도한다. 매사에 신부터 찾는 라주를 향해 친구 란초가 조용히 입을 연다.

"내일이 오는 게 무섭다면서 오늘을 잘 살 수 있을 것 같아?"

불안함에 사로잡힌 나머지 모든 시간을 걱정하는 데만 쓰는 사람은 멋진 내일을 기대하기 어렵다. 시간을 제대로 이용할 줄 아는 고수라면 오늘 하루를 충실히 보내는 데 최선을 다할 것이다. 오늘 하루 열심히 살았다면 내일에 대한 걱정과 불안도 줄어들고, 훨씬 수월하게 내일을 맞이할 수 있다.

남편의 변심을 걱정하던 A를 최근에 다시 만났는데, 예전보다 한결 안정된 모습이었다. 못 본 사이에 친구에게서 많은 변화가 일어난 게 분명했다.

일단 일을 다시 시작했다고 한다. 업무량도 많지 않고, 아직까지는 남편한테 많은 부분을 기대고 있지만 예전보다 마음이 한결 편안해졌다고 했다. 게다가 요리와 운전을 배우기 시작했고, 자격증 시험도 준비 중이라고 했다.

항상 발전하고 성장하는 사람에게 걱정하고 불안해할 시간 따위는 없다. 오늘 하루 충실히 살기에도 시간이 부족하기 때문이다.

"세상은 항상 움직이고 있다는 걸 지금은 매일 온몸으로 느끼고 있어. 나도 같이 움직이고 있거든. 그렇게 마구 움직이고 뛰어다니다 보면 걱정할 새도 없더라고……."

나를 바라보는 친구의 눈빛은 어느새 자신감과 미래에 대한 설렘으로 환하게 빛나고 있었다.

내일을 두려워하는 것 말고도 우리는 후회에 맞서야 한다. 시험을 앞두고 열심히 복습하지 않았다고, 사랑하는 사람한테 사랑한다고 말하지 못했다고, 젊었을 때 하고 싶었던 일에 도전하지 못했다고 후회해 봤자 아무 소용없다. 수많은 후회는 그저 허무한 메아리로 그칠 뿐이다. '후회'는 인간에게 있어서 가장 쓸모없는 감정이다. 아무것도 하지 않았으니 아무것도 이루지 못한 것은 지극히 자연스러운 결과가 아닌가!

그런 의미에서 진짜 중요한 것은 후회하지 않는 방법을 스스로 찾는 것이다. 문제가 생겼다면, 되돌릴 수 없는 상황이 벌어졌다면 문제를 어떻게 해결할 것인지, 상황을 어떻게 역전시킬지 고민하는 게 더 효과적이다.

친구 B는 대학교를 졸업한 해에 베이징으로 상경해서 제대로 한번 쉬지도 못하고 죽도록 일만 했다. 꾀죄죄한 몰골로 모임에 참석한 B에게 요새 어떻게 지내냐고 물으면, 죽어가는 목소리로

'일'이라고 대답하는 게 전부였다. 회사 사장이 B를 부려먹는 것이라며 농담 삼아 말하면 그녀는 자신이 선택한 길이니 다른 사람을 탓할 생각이 없다고 대답하곤 했다.

그러던 중, 그녀의 남동생이 예술고등학교 진학을 준비한다고 했다. 4년 전에 예술고등학교를 다니던 그녀는 월등한 성적으로 꽃길만 걷다가 베이징으로 유학을 오게 됐다. 그녀가 일단 터를 잡자, 남동생은 누나의 도움으로 베이징에서 기회를 찾을 수 있을 것이라고 확신하며 무작정 상경했다. 하지만 그해, 그녀는 눈코 뜰 새 없이 바쁜 나날을 보내고 있었다. 남동생이 건 전화도 제때 받지 못하는 것은 물론, 퇴근해서 집에 돌아오면 동생은 이미 단잠에 빠져 있었다. 대화는커녕 동생이 보낸 문자도 제때 확인하지 못하는 일이 반복되면서 어느 순간부터 남동생은 누나에게 전화를 걸지 않았다.

그 이듬해, 남동생이 대입시험에 떨어지자 부모님은 발품과 거액의 돈을 들인 끝에 동생을 일본으로 보내기로 했다. 공항까지 배웅하겠다는 누나의 말에 동생이 고개를 저었다.

"됐어, 괜히 나올 것 없어. 난 괜찮으니까!"

이튿날, 그녀는 남동생이 자신을 SNS에서 차단했다는 걸 확인했다. 충격이었다. 그날부터 그녀는 변하기 시작했다. 나만 그렇게 생각한 것이 아니라 주변 사람들도 모두 비슷한 반응이었다.

"술만 몇 잔 마시면 '동생이랑 자주 통화하고 이야기했으면 좋았을 텐데……'라고 입버릇처럼 말하는 거야."

사실 우리도 처음에는 안됐다는 생각에 그녀를 위로해 줬지만 매번 투덜거리는 모습을 보자니 슬슬 짜증이 나기 시작했다. 특히 술을 마시고 나면 그 증세는 더욱 심해졌다. 그 일은 아마도 그녀에게는 씻을 수 없는 상처였던 것 같았다.

그날도 어김없이 술을 마신 그녀가 남동생 이야기를 꺼냈다. 옆에 있던 친구가 더 이상 못 참겠다는 표정으로 입을 열었다.

"이미 지나간 과거는 아무도 바꿀 수 없어. 후회해 봤자 아무 소용도 없는데, 그럴 바엔 다른 방도가 있는지 찾아보는 게 어때?"

"다른 방도?"

"그래! 여기서 의미도 없이 후회하느니 뭐든지 해 보는 게 좋지 않겠어?"

뭔가를 깨달았다는 듯, 그녀는 우리에게 도움을 요청했다.

이튿날, 그녀는 우리가 일러준 대로 동생에게 컴퓨터를 사서 보냈다. 컴퓨터는 동생이 꿈에도 그리던, 그리고 누나가 한 푼 두 푼 모은 돈으로 산 소중한 선물이었다. 그 컴퓨터 한 대에는 동생을 향한 누나의 사랑이 가득 담겨 있었다.

방학을 맞아 집으로 돌아온 동생, 곁에는 항상 누나가 있었다. 그녀는 동생과 많은 이야기를 나누며 자신이 얼마나 힘든 시간을 보냈는지 솔직히 털어놓았다. 서로에 대해 많은 것을 알게 된 남매는 다시 예전과 같은 사이를 유지하며 자주 연락을 주고받았다.

그녀는 한결 행복해 보이는 얼굴로 내게 이렇게 말했다.

"후회는 정말 쓸모없어. 후회하느니 어떻게 해결할지 고민하는 게 훨씬 현실적이야."

멀리 생각하는 건 무척 피곤한 일이지만 후회하는 것은 더 힘들다. 지금이 영원인 것처럼, 지금이 마지막 순간인 것처럼 살아라.

위의 글은 오늘 하루를 잘 계획하는 것이야말로 가장 이상적인 삶의 태도라는 취지로 쓴 글이다.

자신의 시간을 효율적으로 이용할 수 있는 방법을 연구하는 것은 평생에 걸쳐 습득하고 업그레이드해야 하는 작업이다. 자신의 시간을 다양한 분야에 투자할 수 있다면, 당신은 무엇을 선택할 것인가? 그리고 지금 어떤 선택을 내렸는가?

차이퉁(采銅)은 《정진 : 어떻게 위대한 사람이 될 것인가?》에서 시간 투자에 대해 '수익기'와 '반감기'라는 두 가지 관점을 제시했다. 게임이나 한드('한국드라마'의 준말)는 짧은 시간 안에 커다란 쾌감을 얻을 수 있다는 점에서 '수익률'이 높은 편이지만 지속성은 부족하다. 쾌감을 느낀 후에는 마치 아무것도 없었던 것처럼 어떤 의미의 '성장'도 기대할 수 없기 때문이다. 이는 시간 낭비에 불과하다. 이에 반해 독서, 단어 외우기, 체력 단련 등은 수익률이나 지속적인 면에서 효율성이 높다. 단기적으로 봤을 때 이러한 행동은 쾌감이나 성취감이 그리 높은 편은 아니지만 지속적으로 실천하다 보면 궁극적으로 자신을 업그레이드시킬 수 있다.

출신 배경이 다르지만 생명은 유한하다는 점에서 모든 인간은 결과적으로 같다. 쉽게 말해서 세상은 불공평하지만 신분고하를 막론하고 모든 인간에게는 매일 24시간이 주어진다.

사랑에 시간을 투자한다면 결혼에 골인할 수 있을 것이고, 사업에 시간을 투자한다면 사회적으로 성공한 인사가 될 수 있을 것이다.

하지만

걱정하는 데 시간을 투자한다면 끝없는 불안에 시달릴 것이고, 후회하는 데 시간을 투자한다면 심각한 자기비하에 사로잡힐 것이다.

이처럼 인간의 삶은 관계 구조가 명확하고, 삶의 공식 역시 간단명료하다. 일분일초라도 허투루 쓰지 말고 '성장'이라는 길에 올인할 때 최고의 자신을 연기할 수 있다.

고독, 알고 보면
나를 업그레이드시키는 기회

젊었을 때는 외로운 게 무섭지만 나이 들면 외로움을 찾는다. 아는 사람들끼리 만든 커뮤니티에 올해 서른다섯 살이 된, 얼마 전에 아이를 얻었다는 회원이 글을 올렸다.

남자들이 집에 들어가기 전에 차 안에 멍하니 앉아 있거나 담배를 한 대 태우고 들어가는 이유를 조금씩 깨닫고 있다. 대문 안에 들어가는 순간, 그들은 한 아이의 아버지, 한 여자의 남편으로 불리며 한 가정을 짊어져야 한다. 가정 안에서 '나'라는 개인의 존재가 사라지는 것이다.

그 글을 보니 왠지 마음이 짠했다. 개인의 성장이라는 여정에서 고독에 대한 갈망이 얼마나 중요한지 잘 알고 있기 때문이다. 사업, 인간관계, 가정 등 짊어져야 할 짐이 늘어날수록 책임감은 늘어나고 혼자 지낼 수 있는 시간은 점점 줄어든다. 깊은 밤이 되어야 혈기 넘치던 시절의 열정과 미래에 대한 무한한 장밋빛 희망을 잠시나마 떠올릴 수 있는 여유를 얻을 수 있다. 그런 의미에서 고독은 최고의 재충전 수단이다. 나이가 들수록 홀로 지낼 수 있는 시간이 점점 줄어든다는 사실이 안타까울 뿐이다.

친구 L은 영어웅변대회에 나가기 위해 방대한 양의 자료를 읽고 전문 용어를 닥치는 대로 외우기 시작했다. 평소 놀기 좋아하던 친구였는데 무려 3개월 동안이나 전화 한 통 없었다. 나중에 L이 영어공부를 하기 위해 조용한 곳에 방을 빌렸다는 소식을 듣게 됐다. 매일 자료를 찾는 것은 물론, 벽을 마주한 채 자신이 공부한 영단어나 영어 대화 내용을 소리 내서 줄줄 외우기도 했다. 누가 봐도 정상적인 사람의 모습이 아니었다. 다행히 L은 그해 열린 영어웅변대회에서 1등을 차지했다.

본인이 완벽주의를 추구하는 편이라 좋은 성과를 올릴 수 있다고 말하는 L, 하지만 나는 그가 고독한 시간을 보냈기에 남보다 월등한 사람이 될 수 있었다고 생각한다.

세상에 존재하는 멋진 일은 대부분 심신이 외롭고 고단할 때 일어난다. 조직의 협력도 중요하지만 디테일하면서도 정확한 업무와 계획을 세우는 일은 개인이 고독과 치열하게 싸운 투쟁의 흔적이다. 그래서 고독이 최고의 재충전법이 되는 것이다.

강사로 몇 년 동안 일하면서 수험생의 공통점을 발견했다. 꾀죄죄한 차림으로 시험을 보러 나타난 그들은 외부와의 연락을 일절 끊고 불필요한 만남도 모두 정리한다. 그리고 매일 아침부터 도서관에 틀어박혀 공부에 매달렸다. 졸릴 때면 진한 커피나 자양강장제를 마시며 수업을 듣기도 하고, 휴대폰을 아예 없애버리기도 했다. 몇 개월 동안 고독한 시간을 보내다 보면 스스로 만족스러운 결과를 얻을 수 있을 것이다. 그래서 외로움을 두려워할 것이 아니라, 외로움을 느낄 수 있는 시간을 허비하는 것을 두려워해야 한다.

내게는 프로그래머로 일하는 친구가 한 명 있다. 자신의 일을 좋아하지 않는 친구는 작년에 사직서를 낸 뒤 한동안 빈둥거렸다. 친구가 걱정된 우리는 함께 모일 때마다 언제쯤 취업할 계획이냐고 물었다.

"천천히 해도 돼."

"뭘 믿고 이렇게 여유만만이야?"

"일 안 해도 1년 정도 먹고살 돈은 마련해 놨지."

"그렇다고 계속 이렇게 살 수는 없잖아. 모아 둔 돈 다 쓰면 어쩌려고 그래? 그래도 직장은 잡아놔야지."

"정말 급할 것 없다니까. 살면서 이렇게 아무것도 안 하고 지내도 되는 시간이 얼마나 될 것 같아?"

그 말에 난 아무 말도 하지 못했다. 그 후로 친구와 연락이 끊어졌는데 1년쯤 지나서 친구가 지난 공백기(Gap year) 동안 엄청난 성과를 거뒀다는 소식을 들었다. 1년 동안 친구는 어려운 자격증도 땄고, 살도 20킬로그램이나 뺐다고 한다. 책도 100권 넘게 읽었다던 친구가 회계사 공부를 한다더니 얼마 뒤 자격증을 따고 회계사 사무실에 들어갔다고 한다.

취직을 축하하기 위해 모인 자리에서 친구는 지난 1년 동안 연락이 뜸했던 이유를 들려줬다.

"지난 1년 동안 목표를 이루기 위해 노력해야 할 시간이 필요했어. 온전히 내게만 집중한 덕분에 내가 원하던 목표를 이룰 수 있었지."

하지만 내가 만난 사람의 대부분은 혼자 있는 시간을 즐기거나 활용하기보다는 불안과 초조한 마음에 사로잡혀 이리저리 방황하다가 허무하게 시간을 흘려보내기 일쑤였다.

또 다른 친구는 회사에서 해고된 뒤 날이 밝도록 침대 밖으로 나올 줄 몰랐다. 잠자는 것도 질렸는지 TV를 사서 하루 종일 리모컨만 만지작거렸다. 1년 정도 지났을 무렵, 다른 친구를 통해 실직한 친구에 대한 소식을 들을 수 있었다. 친구가 살도 잔뜩 찌고, 통장 잔고도 바닥났다는 소식에 마음 한쪽이 무거웠다. 결국 그 친구는 베이징을 떠나 부모님이 운영하는 회사에 들어갔다고 한다.

이 친구가 유별나서 그런 것이 아니다. 실제로 우리 주변에서 이런 사람들을 쉽게 찾아볼 수 있다. 자신에게 온전히 집중할 수 있는 외로운 시간을 제대로 이용하지 못한 채 많은 사람들이 자신을 바꿀 수 있는 기회를 스스로 잃고 만다.

학교를 졸업한 뒤 우리는 아침 9시에 출근하고 저녁 5시에 퇴근하는 일상을 반복한다. 낮에는 업무에 치여 공부할 시간이 없고, 저녁에는 업무에 시달리고 온 터라 공부할 여력이 없다. 그래서 그냥 그렇게 서서히 그저 그런 생활에 익숙해진다.

대학교에 다니는 동안 가장 후회되는 일이 무엇이냐는 질문에 응답자의 상당수가 열심히 공부하지 않은 것이라고 답했다. 정확히 말해서 그들은 대학교에 다니는 동안 열심히 공부하지 않았다고 후회하는 것이 아니다. 고독한 시간을 제대로 이용하지 못한 것으로, 그들에게는 가장 안타까운 일일 것이다.

도서관에 가는 대신 불필요한 만남 때문에 시간을 낭비하거나 전문 기술을 배우러 학원에 다니는 대신 이불 속에 파묻혀 지낸다. 자신을 바꿀 수 있는 시간에 핸드를 보거나 게임을 하며 시간을 때운다. 그렇게 대학교 4년을 보내고 나면 외롭지 않았다고 느낄지는 모르겠지만 학교를 졸업한 후에는 아무 걱정도 없이 보낼 수 있었던 그 시간을 그리워하게 될 것이다. 그리움이라기보다는 자신이 허비한 소중한 시간을 후회하게 될 것이다.

나는 대학교에 다니는 동안 내 자신과 두 가지 일을 약속했다. 하나는 매일 40분씩 영어공부 하는 것이었고, 나머지 하나는 친구들과 독서클럽을 만드는 것이었다. 영어공부는 8개월 동안 꾸준히 실천했고, 독서클럽을 통해서 매주 한 권씩 책을 읽었다. 지금 생각해도 내 자신이 참으로 대견하다고 생각한다. 아무도 없는 텅 빈 교실, 조용한 도서실에 앉아 영어공부를 하거나 책을 읽으며 바깥세상에 대한 지식을 얻을 수 있었다. 그런데 이보다 더 중요한 것은, 고독이 지극히 정상적이고 자연스러운 시간이라는 사실을 깨달았다는 것이다.

강자는 고독을 통해 자신을 단련하고, 약자는 고독을 두려워하며 시간을 허비한다. 뿌린 만큼 거두는 법, 내가 뿌린 씨는 결국 내 손에 열매로 돌아오는 법이다.

사회생활을 시작하면서 성공한 사람들에게서 몇 가지 공통점을 발견했다. 그중 하나가 바로 그들은 시간, 특히 고독한 시간을 통해 더 나은 자신이 될 수 있도록 성장하는 방법을 알고 있다는 것이다.

화려한 무대 위를 활보하는 사람을 부러워 마라. 사회를 이끄는 사람들을 그저 운 좋은 '금수저'라고 깎아내리지 마라. 그들은 아무도 자신에게 주목하지 않을 때, 고독을 견디며 자신을 단련했다. 의미 없이 SNS을 뒤지며 '좋아요'를 누르는 대신 묵묵히 자신의 목표를 향해 나아갔다. 그런 그들에게 지금의 영광은 지극히 당연한 결과리라.

원컨대, 이 책을 읽는 당신도 고독을 즐기며 더 나은 자신이 되기 위해 노력하라.

꿈을 좇는 사람,
꿈을 포기하는 사람

우리의 인생에서 젊은 시절의 사고방식이 때로는 삶의 방향을 결정하기도 한다. 그런 점에서 '20대'라는 나이는 상당히 중요한 의미를 갖는다. 사회적 명성이나 풍족한 재물을 아직 손에 쥐지 못한 어린 나이에 건전한 사고방식을 길러야 성숙한 성인으로 성장할 수 있기 때문이다.

좌절을 어떻게 상대할 것인가, 삶의 무게를 어떻게 견딜 것인가, 꿈을 어떻게 좇을 것인가…….

자신이 원하는 방식대로 살거나 남들처럼 살거나 둘 중 하나를 선택해야 한다. 죽기 살기로 현실을 바꿀 것인가, 아니면 현실에 안주하며 핑계를 찾을 것인가? 남들처럼 그냥저냥 살다 보면 어느새 주어진 현실에 익숙해져 자신의 꿈이나 미래에 대한 고민은 새까맣게 잊기 마련이다.

친구 A는 음악을 사랑하는 청년이다. 그중에서도 피아노를 좋아하는 A는 2년 재수한 끝에 대학교에 입학했다. 그는 베이징에서 대학교를 다니는 4년 동안 카페에서 노래를 부르는 아르바이트를 하기도 했다.

"카페 아르바이트는 사실 돈이 되지 않지만 크게 신경 쓰지 않아. 왜냐면 내 노래를 들어줄 곳, 내 노래를 들어주는 사람이 있는 게 가장 중요하거든."

얼마 뒤 A로부터 친구들과 밴드를 만들었다는 소식을 들었다. 그중에는 베이징 출신의 '위양(于洋)'이라는 친구가 있는데, 굉장히 실력이 있다고 했다. 대학교 4학년 때 이들은 이미 싱글 곡을 발표하고 후하이(後海)의 라이브 카페에서 노래를 부를 계획이라고 했다. 나중에 콘서트도 열자는 A의 이야기에 위양은 별말 없이 고개만 끄덕였단다.

졸업을 앞두고 A는 가수와 학업 중에서 하나를 선택해야 하는 기로에 놓이게 됐다. 그의 부모님은 아들이 베이징에서 계속 살아가기를 바랐다. 그러려면 반드시 베이징의 후커우(戶口, 출생 지역에 따라 부여되는 일종의 신분증으로 교육·주택·의료 등 사회

보장제도에 적용을 두고 있다. 특정 지역의 신분증을 지니고 있어야 그 지역에서 제공하는 다양한 혜택을 누릴 수 있다. — 역주)가 필요했는데, 당시 후커우 따기가 하늘에 별 따기보다도 어렵다는 말이 있을 정도로 조건이 여간 까다롭지 않았다. 교수가 되면 후커우를 딸 수 있을 것이라며 그의 부모님은 일단 석사 코스를 밟은 뒤 박사학위에도 도전해 보라고 했다. 하지만 그는 학교에 남아 학업을 계속하기보다는 무대에 올라 마이크를 잡고 싶어 했다.

온갖 설득이나 충고에도 아들이 마음을 돌리지 않자 급기야 A의 어머니가 친히 베이징까지 오셨다. 공부하라며 날마다 잔소리를 퍼붓는 것도 모자라 그의 어머니는 동네 사람들이 다 들리도록 고래고래 소리를 지르며 아들을 타일렀다. 어머니의 거센 반대에 부딪힌 그는 결국 백기를 들고 말았다.

밴드를 나가겠다는 A를 바라보던 위양은 아쉬운 표정을 지으며 입을 열었다.

"학교에 남는 게 네 꿈은 아니었잖아. 음악을 좋아한다면서 왜 좋아하지도 않는 일을 하려는 거야?"

"자세히 알지도 못하면서 그런 말 하지 마! 넌 베이징 후커우를 갖고 있으니까 내 처지 따윈 알지 못하겠지. 나도 너처럼 베이징 후커우가 있다면 고민할 것도 없이 음악을 선택했을 거야. 꿈을 이루고 싶으면 후커우 문제가 해결되어야 하고, 후커우를 받으려면 석사가 되어야 해. 꿈을 포기한 게 아니라 잠시 미루는 거야. 내가 할 수 있는 최선의 선택이니 너희들한테 미안하지만 나 자신에게도 전혀 부끄럽지 않아!"

"곧 있으면 우리 스튜디오도 완공될 텐데. 우리랑 같이 음악하자, 노래도 부르면서 돈도 벌고……."

"하지만 우리 엄마가……."

자신 역시 비슷한 경험이 있었던 터라 위양은 아무 말도 하지 않다가 조용히 입을 열었다.

"알았어. 우리는 여기 있을 테니까 언제든지 돌아와도 좋아."

위양의 말에 A는 밴드를 탈퇴하고 대학원 공부에 매달리기 시작했다. 원래 머리가 좋은 편이라 공부를 시작한 지 반년 만에 A는 대학원에 입학했다. 합격 당일, 그는 밴드를 찾아갔지만 실망만 안고 돌아왔다. 자신이 자리를 비운 사이에 새로운 기타리스트가 밴드에 합류한 상태였기 때문이다.

그는 무척 좌절했지만 금세 마음을 가다듬고 다시 카페에서 노래를 부르기 시작했다. 음악적 소질이 있었던 그는 금세 사람들의 마음을 사로잡으며 학교의 유명 인사로 떠올랐다. 그런 그에게 같은 학교 출신의 후배 위지에(玉潔)가 호감을 표시했다. 노래도 부르고 기타도 칠 줄 아는 위지에, 무엇보다도 자신과 이야기가 통한다는 점에서 A도 역시 마음을 열었다.

그렇게 해서 두 사람은 2년 동안 함께 노래를 부르며 애정을 키웠다. A는 위지에를 꼭 안은 채 평생 함께 노래할 수 있으면 행복할 것 같다고 했단다. 그 말에 위지에는 계속해서 함께 노래하자고 고백했다.

얼마 뒤, 대학교를 졸업한 위지에는 베이징에 남기로 결정했다. A와 상의한 끝에 위지에는 전공을 포기하고 위양의 스튜디오에서 음악 작업에 참여하기로 했다.

그로부터 1년 뒤, A가 석사 과정을 끝냈을 무렵 밴드의 기타리스트가 개인 사정으로 팀을 떠나게 됐다. 위양은 A에게 전화를 걸어 밴드에 합류하라고 권했다. 대학교 강사가 될 것인지, 아니면 못 이뤘던 가수의 꿈을 이번에야말로 이룰 것인지 A는 또다시 선택의 기로에 놓이고 말았다.

자신이 처한 상황을 꼼꼼히 따진 끝에 A는 마음의 결단을 내리고 위양을 찾아갔다.

"그동안 내가 좋아하지도 않는 공부를 했으니 석사를 마치고 나면 너희들과 함께 음악을 하고 싶어."

"부모님은 어쩌고?"

"부모님 때문에 공부하는 데 3년이라는 시간을 보냈어. 이제 다시는 날 힘들게 하지 않으실 거야."

하지만 그의 바람과 달리 부모님은 이번에도 크게 반대했다.

수화기 너머로 들리는 아들의 목소리가 지난번과 다르다는 생각에 그의 어머니는 다시 한 번 베이징 행 열차에 몸을 실었다.

베이징에 오기 전부터 크게 싸웠던 터라 어머니는 마음을 단단히 먹은 채 아들이 살고 있는 기숙사 입구에서부터 소란을 피우기 시작했다. 소리를 지르는 것도 모자라 어머니는 뜨거운 눈물을 쏟아 냈다. 어머니의 머릿속에는 학교 강사 시험에 응시하도록 아들을 설득해야 한다는 생각 외에 아무것도 없는 것처럼 보였다. 그런 어머니를 보며 A는 이를 악문 채 입을 열었다.

"어머니, 이번에는 제가 하고 싶었던 일을 할 거예요."

그의 어머니는 뜨거운 눈물을 훔치며 애끓는 목소리로 아들을 설득했다.

"나랑 네 아버지가 누구 때문에 이 고생을 하는 것 같니! 3년 동안 잘 해 왔잖아. 지금 포기하면 지난 3년 동안의 노력은 모두 물거품이 된다는 걸 너도 잘 알잖아. 넌 우리의 유일한 희망이야. 그런 네가 어떻게 우리를 배신해!"

A는 화가 머리끝까지 난 듯 입을 굳게 다물었다가 또박또박 말을 내뱉었다.

"어머니, 이번에는 제가 결정해요. 그러니 제 결정을 존중해 주세요!"

"혹시 위지에라는 그 애 때문에 그러는 거냐? 여자 친구한테 빠져서 이 어미는 보이지 않는 거구나. 아이고, 내가 이러려고 널 키웠다니……."

어머니의 간곡한 부탁에도 A는 꿈쩍하지 않았다.

며칠 뒤, 아들의 기숙사에 들이닥친 어머니가 종이 한 장을 불쑥 내밀었다. 집문서였다.

"이게 뭐예요? 베이징에 집 사셨어요? 돈은 어디서 난 거예요?"

"전 재산을 쏟아부어 샀다. 부족한 돈은 마을 촌장님한테 빌리고……. 네가 학교에 남는다는 조건으로 빌려 주신 거야. 얼마 전에 첫 대출금을 갚았으니 나머지 대출금은 네가 갚아라. 30년 동안 매달 8천 위안(약 130만 원)씩 갚으면 돼. 그 돈을 갚으려면 번듯한 직장부터 구해야 하지 않겠니?"

A는 종이 한 장에 불과한 집문서가 마치 거대한 산처럼 느껴졌단다. 거대한 산에 깔려 옴짝달싹도 할 수 없었다고…….

"이게 모두 다 널 위해 하는 일이야. 네가 보통 사람들처럼 살수 있다면 더 이상 바랄 것이 없겠구나. 하루 종일 노래만 부르는 딴따라가 되는 건 죽어도 싫다!"

"어머니, 그렇게 오랫동안 말씀드렸는데, 제가 음악을 좋아한다는 걸 아직도 인정 못 하시는 거예요?"

"그깟 음악이 뭐라고……. 음악이 이 어미보다 중요하단 말이냐?"

A는 말문이 막혀 더 이상 아무 말도 하지 못했다. 그날 저녁, 그는 밤새 잠을 설쳤다.

이튿날 저녁, A는 위양을 찾아가 강사 시험을 볼 생각이라고 말했다. 그 말에 위양은 아무 말도 하지 않았다. 대신 옆에서 이야기를 듣고 있던 위지에가 A의 뺨을 있는 힘껏 내려쳤다.

"겁쟁이!"

"나도 어쩔 수 없었다고! 나더러 어떻게 하라는 거야? 나도 노래를 부르고 싶지만 내가 뭘 할 수 있는데? 너도 우리 어머니 봤잖아, 나도 어쩔 수 없다고!"

"자기가 좋아하는 일을 또다시 포기하는 거야?"

위지에의 지적에 A는 큰 충격을 받은 듯 머뭇거렸다.

"포, 포기하는 건 아니고 그냥…, 그냥 지금은 때가 아닌 것뿐이야. 일단 대출금부터 갚아야 하니까……. 나 때문에 고생한 부모님이 편하게 사시는 걸 보고 싶어."

말을 마치기 무섭게 A는 스튜디오를 떠났다. 위지에는 등을 돌린 채 떠나가는 A를 여러 번 불렀지만 그는 단 한 번도 뒤돌아보지 않고 베이징의 어둠 속으로 사라졌다.

A가 언제 다시 돌아올 것 같으냐는 위지에의 질문에 위양은 고개를 내저었다.

"아마 다시는 돌아오지 않을 거야."

"왜요? 음악을 좋아하잖아요."

"주택 대출금을 다 갚고 나면 근사한 차를 사고 싶겠지. 돈을 모아서 차를 사고 나면 더 큰 집에 살고 싶을 거야. 원래 사람의 욕망이란 끝이 없는 법이니까……. 강사가 되면 부교수가 되고 싶을 테고, 부교수가 되면 정교수가 되고 싶겠지. 모든 걸 다 이루고 나면 머리에 새하얗게 서리가 내렸을 테지. 원래 꿈이라는 건 말 그대로 정말 꿈에 불과하니까……. A는 아무것도 없을 때조차 첫발을 떼지 못했어. 그때보다 더 많은 걸 쥔 지금의 A가 현실을 포기할 수 있을까? 왜냐면 A의 불안감은 점점 커지고 있거든. 지금은 부모님을 위해 꿈을 잠시 미루겠다고 말하지만, 나중에 부모님을 부양하고 가정을 꾸리고 자식까지 낳게 된다면 아무리 음악을 좋아한다고 해도 현실을 외면할 수 없게 되거든. 그렇게 해서 모두들 꿈을 잊어버리고 말아. 자신에게 하나둘씩 핑계를 찾기 시작하고, 자신이 처한 현실에 안주한 채 이렇게 살 수밖에 없다며 자신을 설득하는 거지."

"그런 다음에는요?"

"우리들하고 점점 멀어지겠지."

"정말…, 정말 그렇게 되는 거예요?"

위양은 아무 대꾸도 하지 않고 녹음실로 돌아갔다.

그의 말대로 A는 밴드와 연락을 끊어버렸다. 위지에가 A를 몇 번이나 찾아갔지만 그는 시험 준비로 바쁘다, 일 때문에 바쁘다 며 번번이 만남을 피했다. 얼마 지나지 않아 두 사람이 헤어졌다 는 소문이 돌았다.

위지에는 실연의 슬픔을 안고 위양을 찾아갔다.

"A가 왜 이런 결정을 내렸는지 충분히 이해해요. 부모님 반대 가 워낙 거세서 어쩔 수 없이 포기한 거잖아요. 오빠처럼 A도 가 정 형편이 좋았다면 분명히 음악을 계속했을 텐데……."

"그럴까?"

차갑게 대꾸하는 위양의 눈빛에 처음 보는 아픔이 서려 있었다. 위지에는 나중에 위양에 대한 이야기를 듣고서 깜짝 놀랐다.

"대학교 2학년 때 음악을 하겠다고 부모님께 말씀드렸더니 크 게 반대하시더군. 그때 아버지가 실직하신 지 얼마 안 된 터라 어 머니 혼자서 생계를 책임지고 계셨거든. 그래서 두 분 모두 내가 든든한 직장에 들어가기를 원하셨어. 하지만 난 노래를 부르고 싶 었어. 부모님을 여러 번 설득했지만 매번 싸우기만 하고 별다른 소득도 없이 돌아오곤 했지. 화가 난 아버지께서 한번은 내 피아 노를 박살 낸 적도 있었어. 그래서 새 피아노를 사려고 사방에 돈 을 빌리러 다닌 적도 있어. 집에 돌아갈 때마다 아버지랑 자꾸 부 딪히는 통에 그때는 거의 집에 들어가지 않았지. 차오양(朝陽)공원에 있는 벤치에서 몇 번 노숙한 적도 있었는데, 모기가 어찌나 많던지 자고 일어나면 온몸이 벌겋게 부어 있었어. 그래도 난 내가 좋아하는 일을 하고 싶었어. 오랫동안 바랐던 일을 누구도 막을 수는 없었지. 나중에는 부모님께서 용돈도 끊어버리더군. 그래서 닥치는 대로 아르바이트를 하며 돈을 벌었어. 그렇게 지내고 있는 중에 아버지가 학교에 찾아오셨어. 그때 아버지랑 많은 이야기를 나누며, 부모님 뜻대로 살 수는 있지만 행복하지는 않을 것 같다고 말씀드렸어. 그렇게 되면 내 삶도 싫어지고 부모님마저 미워하게 되는 건 아닌지 두렵다고…… 학사 졸업장을 가져오면 내가 하고 싶은 대로 하라고 아버지께서 결국 허락해 주셨어. 고맙다며 나도 모르게 아버지를 끌어안았더니 징그럽다면서 밀어내더군. 그러면서 이왕 하는 거 유명한 가수가 되라고 하셨어."

"부모님께서 걱정하지 않으세요?"

"이제는 괜찮아. 스튜디오도 지었겠다, 작곡도 하고 음악 프로그램에도 출연하면서 돈을 버니까. 그리고 무엇보다도 가장 중요한 건 좋아하는 일을 하는 내가 행복해하는 걸 보면서 두 분도 행복해하신다는 거야. 그러니 당연히 걱정하실 이유가 없지."

"좋은 부모님을 둔 덕분인가요, 아님 오빠가 끝까지 버텼기 때문에 소원을 이룬 건가요?"

"후후, 네 생각은 어때? 사실 부모님의 간섭은 중요하지 않아.

네가 주변의 반대나 시련을 감당할 자신이 있는지, 과감하게 첫발을 뗄 용기가 있는지, 자신의 목표를 위해 모든 것을 바칠 각오를 했는지 그게 가장 중요한 거니까."

알고 보니 위양도 A 못지않게 어려운 환경에 놓여 있었다. 하지만 그는 현실과 타협하지 않고 자신의 꿈을 위해 끝까지 버텼다. 이에 반해 A는 낯선 세계로 첫발을 딛지 못한 채 현실과의 타협을 선택했다.

자신의 꿈 대신 현실을 선택한 A, 그렇다고 해서 평탄한 인생을 살았을 것 같지는 않다. 항상 뭔가 불만족스러운 태도로 지내다 보니 주변 사람들 모두 'A' 하면 찌푸린 얼굴을 가장 먼저 떠올렸을지도 모른다.

꿈이 없다고 해도 시간은 흘러간다. A는 선율을 들을 때마다 자신도 모르게 콧노래를 흥얼거리거나 기타를 보며 마음 아파할지도 모르겠다. 어쩌면 자신이 이렇게 선택한 것이 최선이었다며 자기 합리화를 할지도 모르겠다. 꿈을 잃은 현실에 점점 익숙해지다 보면 "그래서 뭐 어쩔 건대?"라며 자신의 행동에 당위성을 부여할 수도 있다.

삶에 정해진 답이란 없다. 누가 누구의 삶에 대해 좋다 나쁘다를 따질 수 없을 만큼 우리의 삶은 복잡하기 짝이 없다. 사실 꿈이라는 것은 실체가 존재하지 않고 떠도는 허상에 불과하다. 꿈이라는 것이 있다고 믿으면 있고, 그렇지 않으면 꿈은 사라진다. 이것 역시 삶의 또 다른 일면이다.

그러나 꿈이 있는 사람은 언제나 행복하다. 자신의 목표를 위해 그들은, 때로는 위험한 도박에 뛰어들기도 하고, 빈털터리로 위험한 모험을 떠나기도 한다. 때로는 오르막길도 걷고 내리막길도 걷는 것이 우리의 인생이다.

위지에는 이야기를 마치면서 여전히 A와 연락이 되지 않는다고 말했다. 내 생각에 A도 나름대로 자기 삶을 살아가고 있을 것 같다. 배고프면 먹고 졸리면 자는 그런 '삶' 말이다.

그는 과연 아무것도 선택하지 않은 것일까?

그렇지 않다.

꿈을 눈앞에 두고도 많은 사람들이 자신에게 주어진 것만 받아들인다. 조금 더 용기 있게, 조금 더 확고하게 버틸 수만 있다면 나머지는 장애물에 불과하다. 장애물은 뜨거운 청춘의 열기에 녹아내려 더 멀리 달릴 수 있는 동력으로 쓰일 것이다.

친구 A와 위양은 어쩌면 우리의 자화상일지도 모르겠다.

꿈을 좇는 사람, 꿈을 포기하는 사람,

당신은 둘 중 어떤 사람인가?

답답할 땐
당장 떠나라

티베트로 가는 길에 한 남자를 만났다. 남루한 옷차림의 남자는 차가운 바람에 귀가 빨갛게 얼고 입술도 허옇게 다 갈라진 상태였다. 숙소에서 우연히 만난 남자는 내게 청두(成都)에서 걸어서 출발한 지 두 달이 넘었다고 했다.

"느릴 때는 하루에 20킬로미터, 빠르면 30킬로미터까지 걷기도 한답니다. 지난 두 달 동안 휴대폰도 끊어버리고 인터넷도 끊고 속세의 때를 벗으려고 노력했죠. 오로지 내 두 발에 의지해 성지를 향해 걸어가고 있어요. 걸으면서 하늘과 땅의 기운을 느끼고 생사의 경계를 직접 몸으로 경험했답니다."

사표를 던지거나 학교를 관두고 티베트 '라사(拉薩)'로 가고 싶다는 사람들을 베이징에서 수도 없이 만났다. 그들이 부러워하는 자유로운 삶을 눈앞의 남자는 지금 살고 있는 터였다. 그는 세상을 유랑하며 큰 뜻을 좇는 강호인(江湖人)인 게 분명했다.

티베트를 향해 계속 걸어서 갈 것이냐는 내 물음에 남자는 뜻밖에도 아니라고 했다.

"왜요? 무슨 큰 문제라도……."

"그런 건 아니고, 그냥 돈이 떨어져서요."

남자의 말에 가치관, 세계관, 인생관이 순식간에 와르르 무너져 내렸다. 웅지를 가슴에 품은 강호인이 돈이 없다고 발걸음을 멈추다니! 어떤 무림 고수가 은자(銀子) 때문에 고민한단 말인가! 그 순간, 소위 정신적 자유를 누리기 위한 첫 번째 조건이 물질적 자유라는 사실을 깨달았다. 그렇지 않으면 자유라는 것도 현실을 외면한 허세에 불과할 뿐이다.

샤먼(廈門)에서 휴대폰 판매점을 운영했다는 남자는 2년 전에 친구와 함께 가게를 빌려서 사업을 시작했다.

"여기로 오기 전에 가게가 망했어요. 돈을 구하기 위해 친구와 사방팔방 돌아다니고 있었는데, 오랫동안 사귀었던 여자 친구가 다른 남자랑 도망치는 바람에 모든 걸 포기해 버렸죠. 그래서 이튿날 가방 하나 메고 청두로 가는 기차에 올랐어요. 휴대폰도 꺼버리고 혼자서 여행을 시작했죠. 그때 수중에 몇천 위안밖에 없었는데, 그걸 쪼개서 휴대폰을 개통했죠. 그런데 개통 당일에 누가 내 휴대폰을 고장 내는 바람에 식구들하고 연락할 방법이 사라졌지 뭡니까! 가족과 친구들이 걱정됐는지 실종신고를 하기도 했죠."

"이제 돌아가서 뭘 하실 생각인가요?"

"해야 할 일을 해야죠. 새로운 여자 친구도 사귀고, 가게도 다시 열고……."

"해야 할 일이 아니라 발등에 떨어진 불 같은데요?"

"그러네요. 이번에 내가 그동안 어떤 길을 걸었는지, 그리고 앞으로 어떤 길을 걸어야 할지 진지하게 고민했답니다. 내가 그동안 만들었던 관계에서 갑자기 사라져 버리면 내게 관심을 갖던 사람만 걱정시킨다는 사실을 깨달았죠. 문제가 생기면 도망칠 것이 아니라 맞서서 해결하는 수밖에요. 그래도 이번 여행에 후회는 없답니다. 나중에 돈이 생기면 지금의 여정을 계속 이어갈 계획이에요. 지금처럼 제대로 된 끼니도 못 채우는 게 아니라 5성급 호텔에 묵으면서 여행할 겁니다."

"하하하, 그 시골 국도에 5성급 호텔이 어디 있답니까!"

우리 주변에는 해결해야 하지만 여전히 결론 나지 않은 수많은 문제가 있다. 삶, 사랑, 일 등의 문제에 부딪혀 익숙했던 도시를 떠나 정처없이 유랑하는 사람이 과연 몇이나 될까? 여행을 통해 그동안 걸어왔던 길을 되돌아보며, 스스로 생각하고 한결 가뿐한 마음으로 더 나은 시작을 준비할 수 있다면 이미 그것만으로도 당신은 큰 수확을 거둔 셈이다.

해발 3천 미터에서 청년여행사의 사장인 24살 아가씨를 만나기도 했다. 쓰촨(四川) 청두에서 티베트를 연결하는 코스를 4년째 운영 중이라는 아가씨는 도시의 미세먼지와는 거리가 먼, 문만 열어도 사방이 온통 푸른 산에서 살고 있었다. 아가씨가 운영하는 숙소에는 저마다의 사연을 가진 많은 사람들이 찾아들었다. 조용하면서도 자유로운, 모든 직장인이 동경하는 삶을 그녀는 만끽하는 중이었다.

"부러워하는 사람들이 참 많겠어요. 앞으로 어떻게 살 계획인지 물어봐도 돼요?"

"대도시로 나가서 결혼도 하고 아이도 낳아야죠."

"엇, 아가씨도 9시에 출근해서 5시에 퇴근하는 그런 삶을 동경한다는 건가요?"

"네, 맞아요."

"하지만 얼마나 많은 사람들이 아가씨처럼 살고 싶어 하는데……."

"저도 알아요. 숙소에 찾아온 손님들이 모두 그렇게 말하거든요. 하지만 그거 아세요? 전 선택의 여지가 없지만 이곳에 찾아온 손님들은 어디를 갈지 선택할 수 있는 기회가 있죠."

"선택의 여지가 없다니요?"

"여긴 저희 아빠가 물려주신 곳이에요. 돈벌이도 신통치 않고 해서 기회만 된다면 대학교에 가서 공부한 뒤에 회사에 취직하고 싶어요. 도시의 매연이나 삭막함에 적응하지 못하고 다시 이 자리로 돌아올지도 모르지만 적어도 뭔가를 선택할 수 있는 기회가 생기는 거잖아요. 더 많은 것을 선택할 수 있는 권리를 갖는다는 게 얼마나 행복한 일인지 아세요?"

'집오리'와 '들오리'의 삶 중에서 어느 것이 더 나은지 정답이란 없다. 우리는 현실과는 다른 삶을 꿈꾸는 동시에 더 많은 선택의 기회를 얻을 수 있기를 기대하기 때문이다.

다람쥐 쳇바퀴 돌듯 반복된 삶을 사는 집오리와 정처 없이 발길 닿는 대로 평생 떠돌아다녀야 하는 들오리의 삶은 한쪽으로 지나치게 치우쳐 있다. 집오리와 들오리의 삶에서 균형을 잡을 수 있도록, 실력과 용기를 겸비할 수 있도록 내공을 닦는 일이 무엇보다도 중요하다. 여행을 떠나고 싶을 때 과감히 떠나고, 안정감을 느끼고 싶을 때는 언제든지 돌아올 곳을 장만해 두어야 한다는 뜻이다.

일에 실패했다고 여행을 떠나 봤자 문제가 해결되지 않는다.

결국 원래 자리로 돌아와 그동안 해결하지 못한 문제를 마주할 때 비로소 문제 해결이 시작되기 때문이다.

여행의 의의는 자신을 비우는 데 있다. 비워진 그 자리에 자신이 진정으로 원하는 것이 무엇인지 정답을 찾아가는 과정이 바로 여행이다.

다른 사람의 삶을 부러워할 것 없다. 자신에게 주어진 시간에 열심히 노력하며 원하는 꿈을 찾으면 된다.

방황하는 게 힘들다면 잠시 집으로 돌아와 쉬어도 좋다.

집에 있는 게 갑갑하다면 당장 가방을 메고 떠나라.

삶을 변화시킬 수 있는 능력, 삶에 적응할 수 있는 마음가짐을 지닐 때 집오리와 들오리로 자유자재로 변신하며 자신의 길을 찾아 떠날 수 있을 것이다.

2

당신의 불만은
핑계에 불과하다

"지금부터 미친 듯이 하는 거야.
결과는 신경 쓰지 마.
죽기 아니면 까무러치기야."

장밋빛 꿈,
그 속에 숨겨진 날카로운 가시

모든 영화는 제작자의 손을 거쳐 탄생하기 마련이다. 제작자는 말 그대로 영화를 제작하는 데 필요한 자원을 제공하는 사람을 가리킨다. 이를테면 영화 제작에 필요한 자금, 배우, 스태프 등이 그러하다. 어떤 의미에서는 상업성과 예술성 중간에 위치한 존재라 하겠다.

텐텐(天天)을 처음 만난 곳은 영화 제작 보고회였다. 주변 사람들이 돌아볼 정도로 그녀는 빼어난 미모를 지녔다. 뭐 하는 사람이냐고 물으니 친구가 제작자라고 알려 줬다.

"말도 안 돼……. 제작자는 보통 마흔 살이 넘은 아저씨가 대부분인데, 어떻게 저런 여자가 제작자라는 거야? 대체 몇 살이야?"

"1993년생이라던데?"

"뭐? 나보다 3살 아래라고?"

뜻밖의 말에 나도 모르게 언성이 높아졌나 보다. 내 말을 들은 텐텐이 마음에 들지 않는다는 듯 입을 열었다.

"제가 이야기할 때는 모두 조용히 해 주시겠어요? 정중히 부탁드립니다."

텐텐의 지적에 나는 조용히 입을 다물었다.

친구의 설명에 따르면 텐텐은 1993년생으로, 이번 인터넷 영화가 제작자로서는 데뷔작이라고 했다. 텐텐은 원래 배우로 활동했는데 주로 귀신, 술집 여자 등의 역할로 출연했다고 한다.

"베이징 영화학교를 졸업한 뒤에 베이징에서 배우로 데뷔하려고 했다더라. 부모님이 고향으로 돌아오라고 했지만 안 내려가겠다고 버텼대. 고향으로 내려가면 애들한테 연기나 가르치면서 살 게 뻔하다며…… 그나마 베이징에 있어야 여주인공도 되고 잘나가는 스타도 될 수 있다면서 말이지. 딸의 고집을 꺾지 못한 부모님께서 1년 안에 배우로 성공하지 못하면 고향으로 내려와서 결혼하라는 조건을 내걸었대. 일단 그렇게 해서 고비는 넘겼는데, 그 후 상황이 꼬이고 말았어. 일단 영화를 찍긴 찍었는데 돈이 없다 보니 선택의 여지가 없었던 거야. 그래서 배우로서의

필모그래피는 엄두도 내지 못하고 캐스팅되는 대로 뭐든 찍었대. 배우로서 자신을 찾는 사람이 없자, 텐텐은 영화 제작에 뛰어들었어. 영화에 투자할 만한 부자들도 많이 알고 영화를 어떻게 찍는지 현장에서 직접 봤으니까. 이번 영화 제작을 맡게 됐는데, 아무래도 경험이 없다 보니 꽤나 초조한 것 같더라."

친구의 이야기를 듣고 꽤나 놀랐다. 빼어난 외모를 지녔으니 조건 좋은 남자한테 시집가서 평생 호강하며 살거나 배우로 활동해도 성공했을 텐데, 왜 하필 영화 제작판에 뛰어들었을까?

텐텐에 대한 호기심은 곧 그녀의 입을 통해 해소되었다.

"베이징 영화학교를 졸업하고 감독한테 불려갔어요. 아마도 제 외모가 마음에 들었던 것 같아요. 절 보자마자 대뜸 뜨고 싶냐고 묻더군요."

영화계에서 제일 짜증나는 부류가 바로 이런 종류의 사람이다. 여배우한테 뜨고 싶냐고 묻는 감독 치고 좋은 작품을 선보이는 경우가 거의 없다.

"전 대학교를 막 졸업했던 터라 무슨 의도로 말하는지 몰랐어요. 어쨌든 뜨고 싶다고 대답했죠. 그래서 기획사에 들어가서 연기 연습도 하고 대본도 밤새 외웠어요. 연기에 대해 궁금한 게 있으면 감독한테 직접 전화해서 묻기도 했고요. 크랭크인을 앞두고 제가 맡기로 한 여주인공 자리에 다른 사람이 캐스팅됐다는 소식을 듣게 됐죠. 서브 여주인공 자리에서도 밀려서 비중도 없는 조연으로 출연하게 됐어요. 자존심이 상했지만 이를 악물고 참았어요. 그런데 제가 맡기로 한 역할은 드라마 초반에 잠깐 나왔다가 죽는 역할이었던 거예요."

대본을 보고 난 뒤 울 뻔했지만 텐텐은 이를 악물고 자신의 배역에 최선을 다하자고 다짐했다. 촬영이 끝난 후에 열린 쫑파티에도 텐텐은 가지 않았다. 아무도 없는 곳에 가서 펑펑 울었다고 한다.

"내가 마치 '떨이상품'이 된 기분이었어요. 학교를 졸업할 때는 승승장구할 거라 생각했지만 막상 현실은 냉정하더군요. 마음에 드는 영화를 선택할 기회조차 얻지 못했죠. 감독이 그러더군요. 새로 여주인공으로 캐스팅된 배우가 나보다 연기도 잘하고 더 예쁘다고…… 저울 위에 올려진 고깃덩어리가 된 기분이었어요. 그래서 그날부터 결심했죠, 연기력도 키우고 내 자신을 업그레이드하기로……. 저축했던 돈을 몽땅 털어서 헬스클럽도 끊고 영어 수업도 신청했어요. 자신에게 아무도 다시는 아쉬운 소리 하지 못하게 하겠다고, 누구에게 선택되는 것이 아니라 내 스스로 누군가를 선택하겠다고 맹세했죠."

하지만 목구멍이 포도청이라고 하지 않던가! 먹고사는 문제

앞에서 꿈이니 희망이니 하는 것은 모두 듣기 좋은 미사여구일 뿐이다. 어떤 배우가 데뷔 때부터 자신이 원하는 배역을 맡을 수 있단 말인가?

"부모님한테 돈을 부쳐달라는 말도 못 꺼냈어요. 내가 출연한 작품도 말씀드리지 못했죠. 왜냐면 점점 이상한 역할만 들어왔 거든요. 그래도 처음에는 잠깐 사람으로 나왔다가 죽는 역할이 었지만 나중에는 아예 귀신, 시체 역할만 들어오더라고요. 한번 은 여주인공 역할이 들어오긴 했는데 노출신이 너무 많아서 캐 스팅을 거절했어요. 이런 상태가 반복되다 보니 어느새 저도 포 기하게 됐죠."

"손목에 있는 상처는 뭡니까?"

"그때는 제 자신이 정말 미웠어요. 쓸모없다고 생각한 나머지 담배로 자해했죠."

몹시도 추운 어느 겨울날, 싼리툰에 있는 작은 술집 'Hidden House'에서 만난 텐텐과 나눈 대화의 일부다. 그 후로도 우리 두 사람의 이야기는 계속 이어졌다.

"마지막으로 출연한 작품은 도시를 배경으로 한 로맨틱 영화 였어요. 제작자로부터 절 여주인공으로 캐스팅한다는 연락을 받 고선 당장 부모님한테 이 사실을 알려드렸죠. 제 기대와 달리 어 머니는 차가운 반응을 보이시더군요. 영화배우 하겠다고 나선

지 벌써 3년째인데 갑자기 좋은 배역이 들어오는 게 말이 되느냐면서요. 그제야 깨달았어요, 엄마가 제 작품을 꾸준히 찾아보고 계셨다는 걸요. 인터넷을 할 줄 모르시지만 저에 관한 소식을 여기저기 물어보셨대요. 죄송한 마음에 눈물이 왈칵 쏟아졌어요. 엄마한테 이번 영화는 꼭 성공할 거라며, 자랑스러운 딸이 되겠노라 약속했죠. 그러자 엄마는 인기스타가 아니어도 상관없다며, 저만 행복하면 그걸로 됐다고 하셨어요."

크랭크인을 앞두고 감독이 영화 스토리에 맞게 텐텐에게 머리를 짧게 자르라고 했단다. 오랫동안 길러 온 소중한 머리였지만 텐텐은 감독의 요구에 어쩔 수 없이 가위를 들고 거울 앞에 섰다. 텐텐에게 긴 머리는 단순히 패션이 아니라 그녀의 지난 5년 세월이 담긴 소중한 추억이었다.

"거울 앞에 서서 한참을 울었어요. 하지만 유명 배우가 될 수만 있다면 이 정도는 참을 수 있었어요."

머리를 짧게 자른 텐텐은 촬영을 위해 시나리오를 줄줄 외우고 연기 연습에 혼신의 노력을 기울였다. 하지만 대부분의 해피엔딩과 달리 텐텐은 성공하기는커녕 또다시 버려지고 말았다.

크랭크인 당일, 밤늦도록 아무도 텐텐을 찾지 않았다. 자신도 모르는 사이에 또다시 누군가에게 여주인공 자리를 빼앗기고 만 것이다.

"대체 왜 이렇게 된 거죠? 제가 주인공 아니었나요?"

"화면으로 보니 얼굴이 엄청 크게 나오더라고. 아무래도 우리 영화랑 분위기가 안 맞아!"

감독의 말에 텐텐은 하늘이 무너져 내리는 것 같았다. 집으로 돌아온 그녀는 베이징 발 서울행 비행기 표를 끊었다.

솔직히 말해서 난 성형 수술한 사람에 대해 허영심만 가득하고 머리가 빈 족속이라고 생각했다. 겉으로 드러나는 외모보다는 좀 더 고차원적이고 정신적인 것을 추구해야 한다고 주장했다. 하지만 그날 텐텐한테서 이야기를 들은 후, 난 가치관의 혼란을 느끼며 한동안 말을 잇지 못했다.

땅 설고 물 설고, 심지어 말까지 통하지 않는 외국으로 날아간 텐텐은 무작정 성형외과를 찾아갔다. 어설픈 영어로 의사한테 자신이 원하는 조건을 들려주자, 의사는 커다란 사진을 꺼내 들고 뭔가를 그리기도 하고 쓰기도 했다. 우여곡절 끝에 의사는 텐텐의 이야기를 이해한 듯 3일 뒤에 수술하자고 했단다.

병원 근처에서 좁은 방 한 칸을 얻은 텐텐은 돈을 아끼기 위해서 3일 동안 컵라면과 패스트푸드로 끼니를 때웠다.

드디어 수술대에 오른 텐텐에게 의사는 엑스레이를 찍게 한 뒤 얼굴에 뭔가를 그리더니 수술이 어떻게 진행될지 알려 줬다.

'따끔' 하는 아픔과 함께 마취 주사가 투여되자 수술 칼이 스치면서 뼈를 갈아내는 느낌 외에 아무것도 느껴지지 않았다. 얼굴 근육이 서걱서걱 잘리는 느낌이 났지만 텐텐은 울지 않았다. 정확히 말해서 울 수 없었다. 눈물이 상처에 들어가면 감염될 수 있다는 말에 울지 않으려고 주먹을 꽉 쥐었다. 차가운 수술 칼이 얼굴 위를 스치고 지나갈 때마다 그녀의 마음에도 깊은 생채기가 났다.

수술이 끝나자, 의사는 피해야 할 음식이나 주의사항을 알려준 뒤 곧장 모습을 감췄다. 수술대에서 기다시피 내려온 텐텐은 비틀거리며 방으로 돌아왔다. 마취 효과가 사라지자 엄청난 고통이 몰려왔다. 살을 찢는 아픔이 무엇인지, 뼈를 깎는 고통이 얼마나 괴로운 것인지 이번에 똑똑히 깨달았다.

이를 악문 텐텐이 거울을 찾아 자신의 모습을 비추는 순간, 육체의 괴로움은 사라지고 마음의 고통이 엄습했다. 거울에 비친 사람은 자신도 모르는 생판 남의 얼굴이었다. 심지어 얼굴이 퉁퉁 부어 어디가 눈이고 어디가 코인지 구분도 되지 않는 그런 얼굴이었다. 놀란 텐텐은 예전에 SNS에 올렸던 사진 두 장을 급하게 찾았다. 사진에는 한때 자신이었던, 빼어난 외모를 지닌 여인이 활짝 웃고 있었다. 하지만 지금 거울에 비친 것은 누구란 말인가! 내 자신을 왜 스스로 알아보지 못한단 말인가! 부기가 가라앉으면 얼굴이 어떻게 변할지, 수술이 제대로 성공한 것인지 엄청난 불안감이 순식간에 몰려들었다. 감당할 수 없는 두려움에 텐텐은 얼굴을 감싼 채 바닥에 주저앉았다.

텐텐은 베이징으로 돌아왔지만 귀국 후 한 달 동안 문 밖으로 단 한 발자국도 나가지 않았다. 매일 약을 먹으며 거울로 제 얼굴을 비춰보는 게 일상의 전부였다. 부기가 빠지면서 얼굴도 작아지고 상처도 아물었지만 마음의 상처는 오히려 날로 깊어졌다.

결론적으로 말해서 수술은 그다지 성공적이지 못했다. 지금도 얼굴에 부기가 조금 남아 있는 편이다. 보통 사람은 쉽게 구분할 수 없을 정도지만 전문 배우에게 이 정도의 부작용은 자신의 모든 것을 잃는 것과 다름없었다.

이번 수술을 위해 한 푼 두 푼 모아 놓은 저축은 물론 엄마한테서 선물로 받은 자동차까지 팔아야 했다. 베이징에 머무는 동안, 텐텐은 매일 컴퓨터를 두드려 대는 것 외에 아무것도 하지 않았다. 해가 중천에 뜰 때까지 잠을 자다가 배고파서 잠에서 깨면 대충 끼니를 때운 뒤 다시 자는 일상이 무의미하게 반복됐다.

통장 잔고는 점점 바닥을 드러냈다. 고향으로 돌아가고 싶은 마음은 굴뚝같았지만 이제는 가고 싶다고 해서 갈 수 있는 곳이 아니었다.

베이징은 희망과 절망이 공존하고, 성공과 실패가 공생하는 도시다. 화려한 네온사인 아래에는 누군가의 꿈이, 혹은 누군가의 눈물이 반짝인다. 누군가에게는 삶을 만끽할 수 있는 멋진 무대지만, 또 다른 누군가에게는 목숨을 연명하기 위한 치열한 각축장이기도 하다. 여기에서 살아가는 우리는 별 볼 일 없는 개미에 불과하다. 성공의 정도는 모두 다르겠지만 우리는 아무것도 없던 시절, 맨주먹 하나만 믿고 지금의 자리에 오를 수 있었다. 그리고 그 과정에서 누구나 말 못한 사연 하나쯤은 다 지니고 있다.

불행 중 다행인 것은, 누군가는 바닥까지 추락했다가 다시 날아오른다. 이것이야말로 베이징이라는 도시가 우리에게 베풀 수 있는 최선의 배려.

"그날 아침, 자리에서 일어나 평소처럼 거울을 보며 한숨을 쉬었죠. 대문 밖을 나간 게 언제였는지 기억이 가물가물하더군요. 그때 유난히 강한 한 줄기 햇빛이 방 안을 비췄어요. 그 빛줄기를 보니, 더 이상은 이렇게 주저앉을 수 없다는 생각이 들더군요. 그래서 친구들한테 전화를 걸어 만나자고 했죠. 친구들은 저의 엄청난 변화를 알아채지 못했을 뿐만 아니라 절 무시하거나 비아냥거리지도 않았어요. 겉으로 보이는 아름다움은 말 그대로 보기 좋은 껍데기일 뿐, 진정으로 날 위하는 사람들은 겉모습이 아닌 내 마음, 내 생각에 관심을 기울인다는 사실을 깨달았죠."

누구나 한 번쯤은 자신이 세계의 중심이 된 듯 군 적 있을 것이다. 하지만 가족과 몇 안 되는 친구를 제외하고 진정으로 내게 관심을 기울이는 사람은 없다. 누군가의 외모에 관심을 기울이는 사람은 그저 겉모습에 집착하는 것뿐이다.

오랜만에 친구들을 만난 텐텐은 자신을 향한 진심 어린 응원과 사랑에 크게 감동한 채 집으로 돌아왔다. 평소처럼 거울을 꺼내 든 텐텐은 거울 속의 자신을 향해 활짝 웃었다.

"텐텐, 넌 최고의 제작자가 될 거야!"

유명 배우로 자리 잡지 못한 실패의 구렁텅이를 그녀는 어떻게 빠져나올 수 있었을까? 게다가 영화를 제작하려면 인맥도 넓고, 무엇보다도 든든한 자금력이 뒷받침되어야 한다. 이제 막 첫 영화 제작자로 데뷔한 그녀가 어떻게 이 문제를 해결할 것인가?

그러나 20대 아가씨는 내 염려가 무색하게도 다양한 사람들을 만나 조목조목 자신의 계획을 들려주며 약 200만 위안(약 3억 5천만 원) 규모의 투자금을 유치하는 데 성공했다. 그런 뒤, 기획사를 차린 텐텐은 탄탄한 시나리오, 믿을 만한 촬영 팀을 수소문해 촬영 스케줄을 세웠다. 영화 제작을 준비하는 동안 텐텐은 거의 매일 밤을 새다시피 했다.

나는 칵테일을 마시는 텐텐 옆에 앉아 그녀의 이야기를 계속 들었다.

"요새 가장 즐거운 일이 뭔지 아세요? 영화 크레딧 제작자에 내 이름이 턱 하니 박혀 있는 장면을 상상하는 거랍니다. 엄마가

저 때문에 기죽어 다니지 않아도 될 거고요."

울먹이는 텐텐을 달래며 나도 마지막 잔을 비웠다.

베이징에서 살기란 녹록지 않다. 빈털터리 주제에 장밋빛 꿈을 꾸며 오늘도 버틴다. 그 속에 숨겨진 날카로운 가시에 찔리면서도 오늘도 성장한다. 우리를 이해하지 못하는 부모님과 불친절한 세상 앞에 놓인 우리는 선택의 여지없이 앞을 향해 내달린다.

가방을 챙겨 든 텐텐이 내게 작별 인사를 건넸다. 그 순간 한 친구가 내게 들려줬던 말이 떠올랐다.

'하느님은 우리를 향해 문을 걸어두지만 작은 창문 하나를 열어두고 계시지. 그리고 그 창문을 열면 바깥세상이 더 크게 보일 거야. 이 세상에 절망 따위는 존재하지 않아. 절망에 빠졌을 때 희망을 발견할 수 있는 눈동자가 흔하지 않을 뿐이지. 그 눈동자는 널 더 넓은 세상으로 안내해 줄 거야.'

알딸딸한 기분으로 집으로 돌아가던 길에 텐텐이 보낸 메시지가 도착했다.

"언젠가 우리도 우리가 원하는 사람이 되어 있기를 바래요."

집으로 돌아온 나는 불을 켰다. 방 안은 차가운 한기로 가득했지만 내 마음은 어느 때보다 따뜻했다.

시간은,
묵묵히 노력하는 사람을
배신하지 않는다

어제는 하루 종일 집에서 빈둥거렸다. 아침부터 저녁이 되도록 슬리퍼도 갈아 신지 않고 뚫어져라 컴퓨터 화면만 들여다보면서 수업 내용을 고쳤다. 아침 8시부터 밤 11시까지 작업하는 동안 진한 커피 외에는 아무것도 먹지 않았다.

늦은 밤이 돼서야 배가 고프다는 생각에 지갑을 들고 밖으로 나갔다. 주변은 이미 한밤중이라 평소 가던 가게는 모두 문을 닫은 상태였다. 어쩔 수 없이 근처의 편의점에서 빵 하나를 샀다. 그마저도 집으로 돌아오는 길에 대충 먹어버렸다.

지난 5년 동안 4~6단계 리스닝 수업을 진행했는데, 학생들로부터 줄곧 좋은 평가를 받았다. 올해는 커리큘럼에 변화를 주기 위해 지난 며칠 동안 문제를 새로 출제한 뒤 PPT 파일로 옮기고 있었다. 여기에 학생들의 이해를 돕기 위한 이미지, 사운드 등을 일일이 입힌 뒤 최종적으로 검토하는 작업을 반복하고 있다. 1시간짜리 강의를 위해 남들이 보이지 않는 곳에서 10배 혹은 그 이상 되는 시간을 온전히 혼자서 보내야 한다.

인적이 드문 길가에 쪼그려 앉아 밤하늘을 올려다보니 나도 모르게 콧등이 시큰거렸다.

'이 세상을 빛내는 수많은 존재들 뒤에는 함부로 짐작할 수도 없을 만큼 깊은 외로운 시간이 존재했겠지. 지금의 자리에 오르기까지 모두들 얼마나 많은 땀방울과 눈물을 흘려야 했을까?'

첫 강의를 앞두고 수업을 어떻게 준비해야 하는지 몰라 처음에는 꽤나 긴장했었다. 하지만 다른 사람보다 임기응변이 뛰어나 자부하던 터라 적당히 때우면 되겠거니 하며 자신을 다독였다. 2시간짜리 강의인데 평소 실력대로만 하면 크게 문제될 게 없다고 생각했다.

드디어 대망의 첫 강의!

자신 있게 강의실 문을 열어젖혔던 나는 강의를 마친 뒤 어깨를 축 늘어뜨린 채 강의실을 나왔다. 멍한 표정으로 강사 휴게실로 들어온 나는 2시간 동안 내가 뭐라고 떠들었는지 아무것도 생각나지 않았다.

나중에서야 강단 위에서는 내 뜻대로 풀리지 않는 상황이 끊임없이 일어날 수 있다는 사실을 깨달았다. 세상에 공짜 점심 없다더니, 준비한 만큼 실력이 발휘되기 마련이다. 강의 전에 항상 벽을 마주한 채로 강의 내용을 열 번도 넘게 연습하기도 하고, 녹음기로 녹음한 뒤 어색한 곳이 없는지 여러 번 반복해서 듣기도 했다. 강의에서 사용할 내용을 위해 방대한 자료를 뒤지기도 하고, 심지어 강의 내용을 일일이 손으로 써가며 완성도를 끌어올렸다. 이러한 노력에 힘입어 학생들의 강의 평가 역시 눈에 띄게 좋아지기 시작했다.

한번은 강사 휴게실에서 인기 강사로 활동 중인 선배님을 만났다.

"강의 평점이 높던데, 2시간짜리 강의하는 데 몇 시간 준비하는 거야?"

"최소 2시간이요."

"난 보통 4시간 준비하는데……."

긍정 에너지로 가득 찬 사람은 내게 좋은 기운을 가져다준다. 나보다 똑똑한 사람이 나보다 더 열심히 노력하는 것보다 세상에서 무서운 것도 없다. 편집중 환자처럼 죽기 살기로 매달려야 남보다 더 뛰어날 수 있는 법이다.

혼자서 밤늦도록 커피를 홀짝이며 2시간짜리 강의를 준비하는 데 4시간 동안 온갖 정성을 기울여야 하는 외로움을 아는가! 모두 깊이 잠든 밤이지만 그의 마음속에는 누구보다도 뜨거운 태양이 빛나고 있을 것이다. 외로움을 견딜 때 비로소 그 빛은 환하게 빛나는 법이다.

대학교 시절에 우연히 영어회화 실력이 뛰어난 경찰대학교 학생을 알게 됐다. 영어경시대회 현장에서 알게 된 녀석인데, 평가위원들로부터 즉흥적인 질문을 받아도 마치 오래전부터 준비했던 것처럼 척척 대답하던 모습이 무척 인상적이었다.

"실력 장난 아니던데, 혹시 영어가 전공이야?"

"아니, 내 전공은 수사 쪽이야."

"영어 실력도 수준급이지만 임기응변이 대단하더라."

"처음에 영어공부를 시작했을 때 주변에 영어를 가르쳐 줄 만한 사람이 없었어. 좀 더 쉽게 영어를 배울 수 있도록 이끌어 줄 만한 선생님도 없고 해서 그냥 토플에 나오는 문제를 통째로 외워버렸지."

"뭐라고? 대체 얼마 동안 그렇게 한 거야?"

"대략 1년 정도 되려나? 대학교 1학년 때부터 시작했으니까……. 준비하는 동안에는 동아리에도 들지 않고 거의 매일 도서관이나 사람들이 없는 곳에 가 소리 내서 문제를 외우곤 했지."

혼자서 그 많은 외로움을 견뎌 낸 그 녀석은 지금 TV 스크린을 종횡무진하며 많은 사람들로부터 최고의 강연자로 인정받고 있다. 지금 그 누구보다도 환하게 웃는 녀석을 보며 "콩 심은 데 콩 나고 팥 심은 데 팥 난다."는 어른들의 말씀을 깨닫는다. 외롭고 힘든 시간을 보냈기에 그 누구보다도 환하게 웃을 수 있는 자격이 있다.

지금은 '패스트푸드'의 시대다. 오늘 노력하면 내일 성과를 얻고, 내일 시험을 앞두고 오늘에서야 시험을 준비하려 한다. 제아무리 '속도'가 생명인 시대일지라도 성과를 따지지 않고 외롭게 묵묵히 노력하는 시간이 필요하다. 그 시간이 차츰 쌓이다 보면 비로소 괄목할 만한 성과를 얻기 마련이다.

일주일 동안 조깅하거나 영어 단어를 외우는 것은 그리 어렵지 않다. 며칠에 그치지 않고 한 달, 6개월, 1년, 그리고 평생 습관으로 유지하는 것이야말로 무척 어려운 일이다.

그런 점에서 세상은 참으로 공평하다. 1년 동안 몸무게 10킬로그램을 빼고 싶다면 서서히 식사량을 줄이며 운동을 병행해야 효과적이다. 석 달 안에 목표를 이루고 싶다면 덜 먹고 더 많이 운동해야 한다. 한 달 안에 목표를 이루고 싶다면 아예 먹지 말고 미친 듯이 운동해야 한다. 배움 역시 이러하다. 어제 책 좀 읽었다고 해서 갑자기 지적 수준이 높아질 리 없고, 이틀 내내 단어를 외웠다고 해서 갑자기 영어 고수가 되지 않는다.

지금 자신만의 무대를 펼치며 누구보다도 빛나는 그들, 당신이 모르는 어두운 구석에서 그들은 그 누구보다도 많은 땀방울과 눈물을 흘렸을 것이다.

세상에 공짜 점심은 없다. 노력한 만큼 돌려받는 것이 세상의 이치다. 시간은 묵묵히 노력하는 사람을 절대 배신하지 않는다.

우물 안 개구리처럼
평생을 보내야 하는 비극 피하기

최근 나는 더할 나위 없이 행복한 시간을 보내고 있었다. 스물두 살에 영어강사로 데뷔한 이래 강단과 무대에 서서 많은 사람들로부터 사랑을 받았다. 학생들과 때로는 함께 울고 웃으며 소중한 추억도 쌓았다. 그러다 보니 학생들의 어려움을 이해하고 영어를 잘할 수 있는 현실적인 도움을 줄 수 있었다. 그들이 지금 겪고 있는 문제는 나 역시 겪었던 것이고, 또 누군가가 겪었던 문제일 것이기 때문이다.

공부 외에 인생에 대해 묻는 학생들도 종종 있었다. 속 시원한 답변을 들려주지 못하는 대신에 내가 주변에서 본 사례들을 들려주곤 했다. 훗날 집필을 시작하면서 평소에 고민하던 문제와 이야기를 조금씩 소개하기 시작했는데, 뜻밖에도 많은 사람들로부터 좋은 반응을 얻을 수 있었다. 거의 매일 내 SNS는 자신의 선택과 꿈에 대한 조언을 받고 싶다는 문의 글로 도배되곤 했다. 중이 제 머리 못 깎는다더니, 정작 내 자신의 문제는 제대로 해결하지 못했지만 남들의 잘못을 곧잘 찾아내곤 했다.

다른 사람들의 고민을 지금껏 들어주던 어느 날, 우연한 기회에 도움이 절실히 필요한 사람은 다름 아닌 나 자신이라는 사실을 깨달았다.

출국을 준비하기 위해 나는 토플 시험을 신청했다.

'이래 봬도 영어강사로 밥 먹고 산 지 몇 년인데 시험공부를 해야겠어? 그냥 강의한다고 생각하고 얼른 끝내버리자.'

복습도 하지 않고 긴장감도 없이 들어간 시험장에서 나는 황당한 경험을 했다. 나보다 한참 어려보이는 학생들이 재빨리 문제를 풀고 있는 것과는 달리, 난 멍하니 시험지만 들여다보고 있었기 때문이다. 머릿속이 하얗게 변한 나머지, 강의 때 학생들에게 들려줬던 것까지 하나도 생각나지 않았다.

시험 성적 발표 당일, 81점이라고 적힌 성적표를 받았다. 다행히 평소에도 회화와 작문 수업을 틈틈이 한 터라 실력이 크게 퇴화되지는 않았나 보다. 이마저도 없었더라면 더 낮은 점수를 받았을 텐데. 하지만 이 점수로는 어디 내 볼 만한 곳이 없었다. 99점은 나와야 유명한 대학교에 유학 신청서를 낼 수 있었기 때문이다.

성적표를 받고 나니 엄청난 불안과 초조함이 덮쳐왔다. 그동안 영어강사로 일하며 학생들에게 단어 외워라, 리딩 공부에 집중하라 잔소리를 퍼부어 댔지만 정작 나는 영어책을 몇 권이나 읽었던가! 최신 트렌드를 포함한 신조어, 영단어를 공부하는 데 몇 시간이나 투자했던가! 이런 생각이 들자 견딜 수 없을 만큼 내 자신이 부끄럽게 느껴졌다.

얼마 전에 미국에 다녀왔다는 강사를 우연히 만나 이야기를 나누게 됐다.

"이번에 미국에 갔다 와서 난 완전 멘붕이야. 오랫동안 영어를 가르쳤는데도 현지인이랑 대화조차 힘들더라고."

"아무래도 그럴 수밖에……. 우리는 매일 단어 열심히 외워라, 아침 일찍 일어나 소리 내서 읽으라고만 하잖아."

"맞아, 일리 있는 말이야."

사람은 어느 정도 실력을 쌓으면 더 이상의 성장을 꾀하지 않은 채 현실에 안주한다. 지금의 성적에 만족하다 보니 항상 제자리걸음이다.

오랫동안 학생들을 가르치는 교사는 왜 항상 그 자리에 머물러 있는가? 더 나은 실력을 쌓을 생각이 없는 교사와 달리 그의 제자들은 꾸준히 공부하고 성장한다. 다시 말해서 교사는 학생들을 더 나은 사람으로 키워 내는 법을 알고 있지만 정작 자신을 이끄는 법은 알지 못한다.

지난번 토플 시험에서 쓴맛을 본 뒤로 나는 내 강의 내용을 자세히 듣기 시작했다. 부끄러운 이야기지만 최근 들어서 기계적으로 강의를 하다 보니 그 내용이 어떤지 들어본 적도 없었다. 수업 내용을 꼼꼼히 모니터링한 후에야 강의 내용처럼 공부한다면 우수한 성적을 거둘 수 있을 것이란 확신이 들었다. 하지만 난 원래부터 이렇게 공부했었고, 지금껏 이렇게 공부하고 있었음에도 만족스럽지 못한 성적을 거뒀다는 사실에 꽤나 절망했다. 그래서 현실에서 벗어나기 위한 돌파구가 필요했다.

현실에 안주한 나 자신을 구원하기 위한 작업은 실로 고되고 서러웠다. 토플 교재 세트를 구입한 뒤 다른 반에 수강을 신청했다. 단어를 외울 수 있는 어플리케이션도 깔고 쉬는 시간 틈틈이 단어를 외우거나 문제를 풀었다. 낮에는 열심히 공부하는 학생이었다가 밤이 되면 다른 학생들을 가르치는 강사로 변신하는 일상이 반복됐다.

한번은 리스닝 수업 강사와 이야기하던 중 몹시 당황스러웠다.

"영어강사 중에 학생이랑 똑같은 이름을 가진 사람이 있는 거 알아요? 인기 강사로 꽤 유명하답니다."

"그래요? 실력 없다고 하던데……."

지금도 그 강사는 우리가 같은 사람인지를 모른다.

만반의 준비 끝에 치른 두 번째 토플 시험, 만점에서 6점 부족한 114점을 받았다. 성적표를 보고 오랫동안 느껴보지 못한 희열이 느껴졌다.

그때 일을 떠올리며 나는 여전히 영단어를 외우고 영어 원문 자료를 읽어보기도 한다.

사람은 높은 자리에 오를수록, 월등한 실력을 갖게 될수록 비교할 대상이 없기 때문에 본질을 쉽게 파악하지 못한다. 빛이 날수록 그 빛에 제 눈이 멀 수도 있는 법이다.

랜달 웰러스(Randall Wallace) 감독의 영화 〈천국에 다녀온 소년(Heaven is for Real)〉의 엔딩을 보며 닭똥 같은 눈물을 뚝뚝 흘렸다. 미국에서 일어난 실화를 바탕으로 한 이 영화는 목사 토드의 세 살 배기 아들인 콜튼이 맹장 파열로 병원에서 응급 치료를 받다가 생사의 기로에 놓이는 장면에서부터 시작한다. 온갖 치료를 통해 가까스로 죽음의 문턱에서 돌아온 콜튼은 가족의 헌신적인 노력에 힘입어 서서히 기력을 회복한다. 평온했던 옛날의 일상으로 돌아온 콜튼과 그의 가족, 하지만 콜튼이 자신이 태어나기도 전에 죽은 할아버지에 대한 이야기를 꺼내기 시작한다. 게다가 엄마 소냐에게는 미처 태어나지 못한 누나에 대한 이야기를 들려준다. 콜튼을 낳기 전 엄마 소냐는 뱃속의 아이를 유산한 적 있었는데, 남편한테도 차마 하지 못한 이야기를 어린 아들은 다 알고 있었다. 심지어 자신이 천국에 가서 예수님 무릎 위에 앉았는데 자신더러 무서워하지 말라며 달래주셨다고 했다.

목사이자 아버지인 토드의 마지막 대사가 무척 인상적이다.

"난 하나님에 대한 믿음으로 평생 교회에서 헌신하기로 결심했지. 하지만 교회가 내게 가까워질수록 내 믿음은 점점 흔들려 의심이 생기고 길을 잃고 방황하게 돼. 콜튼 덕분에 내 믿음을 다시 되찾을 수 있었어. 초심을 되찾고 계속해서 내 꿈을 향해 노력하겠어."

사실 이러한 상황은 우리 주변에서 흔히 찾아볼 수 있다. 나와 함께 일하는 편집자가 극도의 우울증과 스트레스로 힘들어하는 것을 보고 책을 많이 읽으며 여유를 찾으라고 충고했다. 하지만 그 말을 뱉는 순간 크게 후회했다. 매일 수많은 원고와 책을 봐야하는 게 동료의 본업이라는 것을 나도 모르게 깜빡한 것이다.

얼마 뒤 편집자로부터 고맙다는 인사를 받았다.

"원래 책 읽는 걸 좋아해서 편집 일을 시작한 거였는데 요새는 책을 볼 때마다 무척 괴로웠어. 책 읽는 게 더 이상 즐겁지 않고 일처럼 느껴졌으니까……. 퇴근하고 집에 가서 잠자리에 들 때마다 어떻게 해야 할지 몰라 밤잠을 설치기도 했어. 그러다가 지난번에 너랑 한 이야기가 생각나더군. 책을 읽을 때의 초심을 아직 기억하냐고 내게 물었던 거 기억해? 일단 세상을 이해하고 더 많은 지식을 얻기 위해서라고 대답하긴 했는데, 집으로 돌아가는 길에 내가 아직도 그때의 초심을 간직하고 있는지 곰곰이 생각해 봤어. 지금은 먹고살기 위해서 내가 싫어하는 책을 읽을 때가 더 많다는 생각이 들더군. 좋아하지도 않는 책을 매일 봐야 한다는 사실에 스스로 지쳤던 것 같아. 그래서 네 말대로 책 읽는 방법을 바꿔 보기로 했어. 일단 내가 좋아하는 책부터 읽기 시작했지."

그 후로 그는 SNS에 자신이 읽은 좋은 책을 자주 소개하곤 했다. 그중 상당수가 자신의 전문 분야와는 거리가 먼 책이었다.

전문직에 종사하는 사람이라면 이 같은 슬럼프에 빠지기 쉽다. 대학원 진학반을 담당할 때 학생들에게 공부가 안 될 때는 음악을 들으면서 휴식을 취하라고 알려주기도 했다. 그런데 한 여학생은 음악만 들으면 머리가 아프다고 하는 게 아닌가! 알고 보니 그녀는 음악을 전공하는 학생이었다. 영화를 전공하는 사람이 영화관에서 잠을 자거나 배우가 드라마나 연극을 보지 않으려는 경우도 적지 않다. 글을 쓰는 사람은 책 읽는 걸 멀리하고, 의사 역시 정작 자신의 건강에는 무관심하다.

우물 안에 너무 오랫동안 있다 보면 넓은 세상을 보지 못한 채 살아간다. 넓은 세상을 보고 싶다면 일단 우물에서 나와라. 그러려면 일단 무엇부터 해야 할까? 시대의 흐름에 맞춰 끊임없이 자신을 업그레이드하고, 낡은 사고의 틀부터 무너뜨려야 한다. 이보다는 꾸준히 성장할 수 있도록 페이스를 유지할 줄 아는 '마라토너'가 되는 게 더 중요하다. 언제 닥쳐올지 모르는 상황에 대비해 항상 준비된 상태를 유지해야만 사회로부터 버림받지 않는다.

복권에 당첨되어 인생 역전에 성공한 사람 중 상당수가 파산하거나 빚더미에 올랐다는 기사를 심심치 않게 볼 수 있다. 어디 그뿐이랴, 사람들한테서 인기를 끌다가 갑자기 사라지는 반짝 스타, 운이 좋아서 하룻밤에 인생 역전에 성공한 벼락부자 역시 대부분 좋지 않은 결말을 맞이하곤 한다.

시대의 흐름을 역행하는 순간, 사회의 거대한 물결에 소리 소문 없이 쓸려갈 수 있다. 제 아무리 높은 자리에 올랐다고 해도 언젠가는 내리막길을 걸을 수 있기 때문이다.

쉴 새 없이 변하는 세상, 우리는 한 마리 백조처럼 살아야 한다. 남들이 보지 못하는 곳에서 부지런히 발버둥 쳐야 물 위를 유유히 떠다닐 수 있는 법이다.

성장하는 습관, 현실에 대한 불만, 미지의 존재에 대한 호기심을 잃지 않는 한 드넓은 세상을 알지 못한 채 좁디좁은 우물 안에서 평생을 보내야 하는 비극은 피할 수 있다.

당신의 불만은 핑계에 불과하다

화려하지만 외로운 도시 베이징, 그 속에서 살아가는 사람 중에 자신이 좋아하는 일을 하는 사람이 과연 얼마나 될까? 생존보다는 사랑이 먼저라고 외치는 사람은 또 몇이나 될까? 아침 출근을 위해 꽉 막힌 도로 위를 달리고, 퇴근 후에는 만원지하철 안으로 몸을 구겨 넣는다. 나 역시 열심히 살아가는, 이름 없는 개미 중 하나다.

몇 년 전, 동료인 샤오팡(小方)은 나처럼 베이징에서 영어강사로 일하고 있었다. 우리 두 사람 모두 낮에는 강의하고 밤에는 강의 준비하는, 반복되는 일상을 벌써 몇 년째 계속하고 있었다.

그로부터 몇 년이 지난 후, 샤오팡은 여전히 아침부터 저녁까지 똑같은 일상, 심지어 똑같은 강의를 매일 10시간 가까이 반복하고 있다. 나는 그동안 감독, 작가로 전향했다. 잘난 척하려는 것은 아니지만 샤오팡을 만날 때마다 뻔한 이야기 듣는 것도 이 젠 지쳤다.

"그러고 보면 넌 참 운이 좋은 것 같다, 문화산업이 번창할 때 전향했잖아."

"세상에 공짜 점심이 어디 있어? 이게 다 내가 노력한 덕분이 지."

"노력이라고? 수업시간에 졸거나 집에 가면 TV만 본 주제에 시험은 항상 100점이었잖아. 원래 똑똑했던 녀석이 노력은 무 슨……. 잘 다니던 회사를 때려 치고도 돈 잘 버는 작가가 됐는데 이게 똑똑해서 그런 게 아니면 뭐냐!"

샤오팡이 그렇게 말할 때마다 짜증이 절로 났다. 칭찬하는 것 같지만 '원래 똑똑했다'는 말이 내 노력을 무시하는 것처럼 느껴 졌기 때문이다. 나는 강사로 활동하는 동안 거의 매일 새벽 3시 에 잠이 들곤 했다. 그리고 지금까지도 우리 집에는 TV가 없다.

하루 일과를 끝내고 퇴근할 때면 누구든 녹초가 되기 마련이 다. 피로를 풀기 위해 동료들이 TV를 켤 때, 난 컴퓨터를 켰다. 맥주 한잔 마시면서 드라마나 코미디 프로를 보는 동료들과 달 리 난 진한 커피를 마시며 강의 내용을 수정했다. 모두가 잘 때 난 졸린 눈을 비비며 강의 자료를 준비했다. 그 당시 나는 날마다 영화를 한 편씩 감상하고 3일마다 책 한 권씩 읽으려고 노력했다. 그때의 감상을 두꺼운 노트에 기록해 두곤 했는데, 그렇게 탄생한 노트만 10권이 넘는다.

혼자서 묵묵히 노력하던 시간, 퇴근한 후에도 쉴 틈 없이 일해야 했던 시간을 떠올리면 가슴 한쪽이 먹먹해진다. 퇴근한 후에도 나는 기회를 잡기 위해 이를 악물고 노력했다. 그리고 그 덕분에 내가 원하던 기회가 왔을 때 단숨에 움켜쥘 수 있었다.

그때의 시간이 없었더라면 난 여전히 기계적으로 강의를 하고 있을 것이다. 단지 내가 그런 삶을 좋아하지 않을 뿐, 그것을 꼭 나쁘다고 할 수는 없다.

남들로부터 운이 좋았다는 이야기를 듣고 싶지 않다. 운도 중요하지만 기회는 항상 준비된 자에게 허락된다고 생각하기 때문이다. 평소에 어떤 준비도 안 된 사람이라면 행운의 여신이 그 앞에 나타나도 알아차리지 못한다.

직장에서 열심히 일하고 나면 집으로 돌아왔을 때는 손가락 하나 까딱하기도 귀찮다. 하지만 퇴근 후의 시간은 온전히 나만의 시간이다. 그 시간을 충분히 잘 이용하고 꾸준히 투자한다면 자신만의 무기를 만들 수 있다. 무기에 녹이 생기지 않도록 부지런히 갈고 닦으면 보다 나은 자신을 만날 수 있다.

회사를 그만둔 뒤, 샤오팡과 독서클럽에서 주최하는 강연회에

가기로 약속한 적이 있었다. 약속 시간이 다 돼서 샤오팡은 피곤에 찌든 모습으로 나타났다.

"미안한데 나 오늘 도저히 못 갈 것 같아. 아무래도 알코올로 소독 좀 해야겠어."

그 후로 샤오팡에게 연락하면 제때 통화되는 법이 거의 없었다. 이튿날이 되어야 어젯밤에 일찍 잤다는 말과 함께 연락이 오곤 했다. 또 함께 밥을 먹을 때마다 샤오팡은 힘들어 죽겠다며 투덜댔다.

"퇴근하면 숨통이 트이는 것 같아. 다람쥐 쳇바퀴 돌듯 매일 똑같은 일상은 정말 지겨워. 일하다 보면 무능력한 것 같아서 내 자신이 점점 미워져."

거의 매번 똑같은 말만 되풀이하는 샤오팡, 언제나 그렇듯 푸념의 맨 마지막에는 내가 등장한다.

"넌 똑똑해서 좋겠다. 직업을 바꾸고도 성공하다니…….."

나로서는 더 이상 할 말이 없었다.

샤오팡은 그 후로도 퇴근 후에 TV를 보거나 술을 마시는 일상을 반복했다. 현실에 불만을 갖고 있으면서도 현실에서 벗어나지 못하는 샤오팡을 보며 난 한 가지 사실을 깨달았다. 퇴근 후의 시간을 어떻게 쓰느냐에 따라 전혀 다른 삶을 살 수 있다는 것을…….

내 수업을 듣던 학생 중에 '대학교 간판'을 위해 마음에도 없는 전공을 선택한 사람이 있었다. 영화에 관심이 많던 학생은 좀처럼 마음의 갈피를 잡지 못해 힘들어했는데, 그럴 때면 종종 내 SNS에 글을 남기기도 했다.

"촬영감독이 되고 싶지만 아무래도 늦은 것 같아요. 영화와 거리가 먼 전공을 선택했으니 촬영감독은 되지 못할 거예요."

"뭐가 늦었다는 거야? 너 아직 젊잖아!"

"주변 친구들한테 제 꿈에 대한 이야기를 털어놨더니 저더러 미쳤대요. 어떤 녀석은 낄낄거리며 힘내라고 하더니 하고 있던 게임을 마저 하더라고요."

세상이라는 것이 원래 이렇다. 꿈을 좇는 당신을 향해 힘내라고 응원하기는커녕 끊임없이 비웃으며 조롱한다.

하지만 걱정 마라.

지금은 그들이 비웃고 있을지 몰라도 당신이 꿈을 이루는 날, 그 웃음은 쓴웃음으로 변하고 말 것이다. 그때부터 환하게 웃을 사람은 그들이 아닌 당신이 될 테니까!

훗날 그 학생은 꼬박꼬박 강의에 출석하고 시험을 치르기도 했다. 종종 DSLR을 손에 들고 나타나는 것 외에 다른 학생들과 다를 것이 없었다. 그로부터 몇 달이 지난 어느 날, 한 강사로부터 자신의 반에 국제사진대전에서 1등을 차지한 학생이 있다는 소식을 접했다. 역시나 내게 고민을 상담했던 그 학생이었다.

학교를 졸업한 후 그는 자신의 작품을 통해 베이징 영화아카데미 사진학과에 입학했다. 자신을 천재라고 치켜세우는 친구들에게 그 학생은 어깨를 으쓱거리며 말했다.

"천재는 내가 아니라 너희들 같은데? 너희들이 놀거나 잘 때 죽을힘을 다해 좋아하는 일을 했던 것뿐이니까!"

나중에 그 학생에 관한 일화를 들을 수 있었다. 그는 매일 일찍 등교해서 아침 이슬이 맺혀 있을 때 그날의 첫 셔터를 눌렀다. 그리고 깊은 밤하늘을 빛내는 달빛 아래서 그날의 마지막 셔터를 눌렀다. 지난 몇 개월 동안 그는 수만 번의 셔터를 누르며 사진을 찍었다. 매일 저녁 자습실에서 포토샵 프로그램을 열고 사진을 수정하기도 했다. 도서관에서 밤늦도록 공부하는 사람들은 그를 제외하고는 대학원 진학을 준비하는 학생들뿐이었다.

원래 가던 길에서 벗어나 새로운 길을 가는 사람들은 주변의 무관심 속에서 묵묵히 땀 흘리는 시간을 보내기 마련이다. 한가한 시간에 자신이 좋아하는 일을 할 수 있었다는 것은 그가 천재가 아니라 그저 열심히 노력하는 사람이라는 뜻이기도 하다. 사람들은 자신이 잘 알지 못하는 수준에 오르는 사람을 천재로 취급하는 경향이 있다. 천재는 선택받은 사람들의 전유물이 아니라 평범한 우리도 될 수 있다. 여가시간을 합리적으로 활용할 수만 있다면 말이다.

앞의 두 이야기를 사직서를 내려던 친구에게 들려주자 연신 고개를 끄덕거렸다.

"날마다 8시 반까지 가서 출근 도장 찍는 것도 싫고, 다혈질인 사장 놈이나 요령만 피우는 동료들도 다 꼴 보기 싫어. 그런데 네 이야기를 듣고 보니 회사 때문에 괴로웠던 게 아닌 것 같다. 좀 더 나은 내가 될 수 있도록 퇴근 후에 내가 할 수 있는 일을 찾아봐야겠어. 어느 정도 준비가 됐을 때 사표를 내고 더 좋은 회사로 이직할 거야. 기분 나빠서 회사를 그만두면 나만 손해잖아."

혹자는 먹고사는 게 무서워서 도망치는 것이 아니냐며 비난할지도 모르겠다.

그즈음에 회사를 그만두겠다는 사람들을 유독 많이 만났던 것 같다. 그들은 회사 때문에 일이 꼬였다거나 성장할 수 없었다고 입을 모아 말했지만 사실은 그렇지 않다. 퇴근 후에 친구들과 어울려 술을 마시거나 노래방에 돌아다니느라 여가시간을 충분히 이용하지 않았기 때문이다.

학교를 그만두겠다는 학생들도 여럿 만났다. 학교에서 제대로 가르쳐 주지 않아서 이 모양이 됐다고 불평을 늘어놓지만 이 역시 사실이 아니다. 수업이 끝나고 남는 시간에 자신이 좋아하는 과목을 청강하거나 전문서적을 틈틈이 읽지 않은 것은 누구의 잘못도 아닌 나 자신의 잘못이다.

'생존기를 넘기기만 하면 꿈과 미래에 대해 이야기할 수 있다'라는 제목의 글에서 다음의 내용을 발췌했다.

솔직히 말해서 생존기를 무사히 보내기란 말처럼 그리 쉽지 않다. 생존을 위해 어쩌면 싫어하는 일을 해야 할지도 모른다. 불행 중 다행인 것은, 매일 24시간 내내 괴롭기만 한 것이 아니라 더 나은 자신을 만날 수 있는 시간을 얻을 수 있다는 것이다.

당신의 손에 물 한 컵이 들려 있다면 당신은 뭘 하겠는가? 컵에 든 물을 쏟아 버리거나 마셔 버리겠는가? 그렇게 대답할 생각이었다면 모두 틀렸다. 손에 컵을 쥔 채 자신이 좋아하는 일을 하면 된다. 컵 때문에 한 손을 쓸 수 없다면 컵을 내려놓은 뒤 자신이 좋아하는 일을 하면 된다. 손에 들린 물은 지금 당신이 공부하고 있는, 마음에 들지 않는 일이나 전공일지도 모르겠다. 물을 내려놓는 순간, 당신은 두 팔로 온 세상을 품을 수 있다.

세상살이가 각박하다고 불평해 봤자 아무것도 변하지 않는다.

그렇다고 해서 누군가에게 지적받고도 맞받아치지 못하고 괴로워하다가, 어느 순간부터 그 사실을 스스로 무덤덤하게 받아들이는 것만큼 비참한 것도 없다.

사실 당신의 불만은 평계에 불과하다. 지금 하는 일이 당신의 시간에서 얼마나 많은 비중을 차지하는가? 그 시간이 지나고 나면 지금의 모습을 바꾸기 위해서 무엇을 할 수 있는가?

한 친구에게 좋아하지 않는 일을 하게 된다면 어떻게 하겠냐고 물은 적 있었다.

"일단 부딪혀 보는 거지. 대신 일하고 남은 시간에 내가 원하는 걸 배울 거야. 이 정도면 어디 가서도 밥 굶지 않고 살겠구나 하는 생각이 들 때 과감하게 일을 그만둘 거야."

하지만 대부분의 사람은 현실이 마음에 들지 않는다고 투덜거리며 오늘도 퇴근 후 술 한잔하러 달려 나간다. 그러고는 내일 아침이면 어김없이 오늘과 똑같은 일상을 반복한다.

그러니 도망치지 말고 미리 준비하라. 지금의 불평과 불만을 곱씹으며 자신의 실력을 펼칠 때까지 묵묵히 실력을 기르며 준비하라. 낮을수록 나중에 더 높게 뛰어오를 수 있다는 말을 명심하라. 지금의 시간을 잘 활용해야 미래에 더 멋진 나를 만날 수 있다.

약자는 기회를 좇고
강자는 기회를 만든다

1년 전에 기자로 일하는 친구 K로부터 재미있는 이야기를 듣게 됐다. 지인을 통해 유명인과 연락이 닿은 K는 운 좋게도 인터뷰할 기회를 얻었다. 인터뷰를 하지 않기로 유명한 그의 첫 인터뷰를 자신이 땄다는 생각에 K는 이 사실을 상사에게 알렸다. 그러자 상사는 거들먹거리는 표정으로 입을 열었다.

"역시 사람은 줄을 잘 서야 한다니까! 자네가 우리 회사 소속이라는 걸 알고서 인터뷰에 응해준 게 분명해. 별 볼 일 없는 회사에 들어갔으면 그런 거물을 직접 만날 기회나 얻을 수 있었겠어?"

친구는 상사의 말에 화가 머리끝까지 났다. 그도 그럴 것이 거물급 인사를 인터뷰하기 위해 그는 끈질기게 매달렸다. 명절 때마다 안부 문자를 보내기도 하고, 상대의 동선을 파악해 현장에 직접 나타나기도 했다.

오늘도 변함없이 '구애작전'을 펼치고 있던 K는 상대로부터 뜻밖의 메시지를 받았다.

"오늘 저녁 7시부터 9시까지 시간이 있으니 그때 인터뷰하는 게 어떨까요?"

예상치도 못한 상대의 연락에 K는 너무 흥분한 나머지 상대에게 엉뚱한 메시지를 보냈다.

"그런데 왜 저랑 인터뷰하겠다는 겁니까?"

"열심히 노력하는 모습에 감동받았습니다. 앞으로 기자님 인터뷰만 응할 테니까 계속 노력해 주세요."

K의 이야기에 불현듯 이런 생각이 들었다.

'누군가가 만들어 준 기회와 순수한 개인의 능력 중에서 무엇이 더 중요할까? 둘의 관계는 또 어떻게 전개되어야 하는가?'

그 전까지 젊었을 때는 기회가 중요하고, 나이가 들면 능력이 중요하다고 생각했지만 이번 일화를 계기로 전혀 다른 관점을 갖게 됐다. 어느 때보다 진지한 표정으로 친구에게 질문을 던졌다.

"그래서 넌 기회가 더 중요하다고 생각해?"

"흥, 중요하긴 뭐가 중요해!"

한번은 SNS를 통해 내 글을 퍼가고 싶다는 요청을 받았다. 상대의 신분만 확실하면 된다는 생각에 평소처럼 마음대로 퍼가도 좋다고 수락했다. 하지만 며칠 뒤 상대가 올린 글을 보고서는 나도 모르게 미간이 찌푸려졌다.

"역시 사람은 잘나고 봐야 해! '파워 블로거'라고 하니까 글을 퍼가도 좋다고 바로 허락해 주네!"

평소 신분만 확실하면 상대에 대한 정보를 알아보지 않는 편이지만 대체 얼마나 대단한 사람이기에 이런 말을 하는지 도저히 참을 수 없어 상대를 알아보기 시작했다. 내가 알고 있는 업체는 아니었지만 꽤 많은 팔로워를 거느린 블로그를 운영하고 있는 것 같았다. 그렇다고 해서 내 글을 퍼가는 것과 무슨 관계란 말인가! 상대의 팔로워 수가 몇 명이든 내 알 바 아니다. 왜냐면 내 글을 읽고 싶은 사람이라면 마음껏 퍼가도 좋다고 허락했을 테니 말이다.

그냥 무시해도 될 일이었지만 나도 모르게 가르치기 좋아하는 성격이 나오고 말았다. 상대의 글에 이런 댓글을 달았다.

"당신이 파워 블로거라고 해서 내 글을 퍼가도 된다고 허락한 게 아니니 착각 마십시오. 내 글을 읽고 싶은 사람이라면 누구든 허락해 줬을 겁니다. 팔로워 수를 보고서 글을 퍼가도 된다고 허락했다면 당신이 가진 조건이나 명성 때문이지 당신이라는 사람이 내 마음을 움직였다는 뜻은 아니죠. 그러니 지금의 조건이나 지위를 자신의 능력인 양 착각하지 마세요. 인간은 모두 하나의 개체입니다. 명성, 지위, 조건 등을 버리고 나면 진정한 자아가 남게 되죠. 당신의 자아는 어떤가요?"

우리는 살아가며 수많은 사람들을 만나게 된다. 처음에는 겉으로 드러난 직함, 조건이나 지위를 통해 상대를 인식한다. 예를 들어, 당신이 지금 커다란 배에 탑승했다고 가정해 보자. 사람들은 당신이 집채만 한 배를 탔다며 대단한 사람이라고 치켜세울 것이다. 배를 탔으면 언젠가는 내려야 하는 법, 만약 당신이 배에서 내렸을 때 사람들은 여전히 당신을 대단한 사람으로 기억하고 있을까? 당신이 타고 있던 배의 크기가 아니라 '당신'이라는 존재 자체가 빛날 때 사람들은 당신을 기억할 것이다.

상당수의 사람들은 대단한 자리에 오르면 자신도 대단한 사람이 된다고 착각한다. 거물급 인사를 알고 있다고 해서 내가 거물급 인사가 되는 것은 아니다.

누구나 고혹적인 화장으로 치장한 뒤 무대에 오르면 주변으로부터 뜨거운 시선을 받을 수 있다. 화장을 지운 채 무대 아래로 내려간 뒤에도 사람들이 여전히 당신에게서 눈길을 떼지 못한다면 그제야 당신의 스타성은 빛을 발하게 된다.

약자는 자신을 드러낼 수 있는 무대를 좇는다. 자신이 철밥통이라는 둥 대기업이나 공무원 등 특정 시스템 안에 소속되어 있다는 사실을 강조한다. 하지만 진정한 강자는 누군가가 만들어놓은 무대를 좇기보다는 스스로 무대를 만든다. 무대 없이도 있는 그대로의 자신을 보여 줄 수 있는 사람이야말로 이 시대의 강자다.

오랫동안 내게는 '신둥팡 강사'라는 꼬리표가 붙어 있었다. 친구들이 나를 소개할 때도 항상 어디 소속이라는 이야기가 먼저 나왔다. 그때마다 참 난처한 기분이었다. 신둥팡에서 3년 동안 몸담고 있었던 것은 사실이지만 그곳을 나온 지도 곧 3년이 됐기 때문이다.

언제부터인가 친구들이 날 소개하는 '레퍼토리'가 달라지기 시작했다.

"이쪽은 제 친구인 리샹룽이라고 합니다. 영어강사로 일하고 있죠. 청년감독이자 작가랍니다."

친구들은 더 이상 내 소속이 아니라 '리샹룽'이라는 '나'의 존재 자체를 인정하고 있었던 것이다. 스스로 매일 발전했기 때문에 어떤 무대도 중요하지 않다는 사실을 나중에야 깨달았다.

지금 나는 성장을 꿈꾸는 '카오충'이라는 벤처 기업에서 일하고 있다. 더 많은 사람들에게 더 좋은 무대를 제공해 주기 위해 카오충을 상장시키는 것이 나의 목표다. 카오충에 새로 입사한 동료들에게 무대에 기대지 말고 함께 무대를 만들어 가자고 종종 말한다.

무대와 그 위를 누빌 배우는 '공동 성장'이라는 관계를 구축해야 한다고 생각한다. 서로 독립적이면서 상대에게 기생하지 않는, 더 나은 자신이 될 수 있도록 서로 협력하는 관계 말이다.

원고 때문에 한 출판사의 편집자를 만난 적 있다. 원고를 보는 속도도 느리고 일처리도 깔끔하지 못한 터라 영 탐탁지 않았다. 보다 못한 내가 무슨 일을 이렇게 하냐고 따져 물으니 상대는 대수롭지 않다는 듯 대답했다.

"쥐꼬리만 한 월급을 받는데 이 정도 하면 됐죠."

상대의 말을 듣는 순간 그가 어떤 회사에서 일하더라도 제대로 된 대우는 못 받을 것 같다는 생각이 들었다. 돈 때문에 일하고, 돈으로 자신의 가치를 매기는 삶은 결코 성공할 수 없기 때문이다.

신둥팡에서는 수업시간에 따라 월급이 정해졌는데, 막 입사했을 때는 1시간당 160위안(약 2만 7천 원) 정도 받았던 것으로 기억난다. 지나가던 선배 강사가 내게 이런 조언을 들려줬다.

"강의 내용이 어떻든 2시간만 때우면 되니까 대충하라고. 열심히 강의해도 결국 받는 돈은 똑같잖아. 그러고 보면 강사라는 직업도 괜찮은 것 같아. 내용에 상관없이 강의만 해도 돈이 나오잖아."

지금 돌이켜 생각해 보면 선배 강사의 충고를 듣지 않았던 것이 현명했다. 당시에는 1시간짜리 강의를 위해 벽에 대고 열 번도 넘게 수업내용을 시연하거나, 직접 녹음해서 강의 내용을 수정하기도 했다. 강의할 때마다 이런 작업을 반복하는 것은 꽤나 귀찮은 일이었지만 강의를 하고 나면 예전보다 더 나아진 나를 발견할 수 있었다. 결과적으로 일하고 받은 돈은 똑같았지만 몇 년 후에는 강의 스킬이나 임기응변 능력이 비교도 할 수 없을 정도로 늘었다. 덕분에 여러 업체로부터 스카우트 제의를 받기도 했다.

내게 충고해 줬던 선배 강사는 2년 정도 일하다가 교육계를 영영 떠났다는 소식을 들었다. 선배 강사와 나는 뭐가 달랐기에 전혀 다른 길을 걷게 된 것일까? 선배는 자신에게 주어진 무대에 만족하며 평생 그 무대 위를 누빌 것이라고 생각했다. 돈을 벌기 위해 일한다는 선배와 달리 나는 나를 위해 일했다.

내가 지금 어떤 무대에 서 있는가는 그리 중요하지 않았다. 왜냐면 세상에는 영원한 무대란 없기 때문이다. 중요한 것은 무대가 아니라 그 무대 위에 서 있을 나 자신이다. 나의 실력이 꾸준히 늘어나고 어제보다 더 나은 내가 된다면 어떤 무대에 서든 나의 재능은 사라지지 않는다.

그래서 무대와 그 무대 위에 서는 배우는 서로 의존하면서도 동시에 독립적인 관계를 구축해야 한다. 무대는 당신으로 인해 더욱 빛날 수 있지만 당신에게만 전적으로 의존할 수 없다. 무대 위에 서게 될 당신 역시, 무대를 통해 자신의 역량을 키울 수 있지만 무대 없이도 재능을 발휘할 수 있다.

졸업을 앞두고 많은 청년이 좋은 직장을 찾기 위해 동분서주한다. 좋은 직장은 개인의 삶에서 든든한 무대를 의미하기 때문이다.

일류대학에 가면 내 삶도 곧 일류가 되는 것 같다. 하지만 일류대학을 졸업해도 평범한 사람이 있는가 하면, 그저 그런 대학을 나와도 세상을 뒤흔드는 거물이 될 수 있다. 그런 인물이 등장하면 사람들은 그가 만든 무대만을 기억할 뿐, 그가 어떤 대학교를 나왔는지 궁금해하지 않는다.

강자는 주변의 무대가 아니라 오롯이 자신의 힘을 통해서만 강해진다. 자신을 떠받쳐 주는 무대와 '혼연일체'를 이룰 때 무대도, 그리고 그 무대를 빛내는 당신 모두 진정한 '챔피언'이 된다.

1년 전의 이야기로 거슬러 올라가서, K는 며칠 뒤에 사직서를 냈다. 그러자 상사는 여전히 거들먹거리는 표정으로 입을 열었다.

"여길 떠나게 됐다니 안타깝군. 이렇게 좋은 곳은 어디 없을 텐데……."

친구는 아무런 대꾸도 하지 않고 그 자리를 떠났다.

얼마 뒤, 다른 회사로 이직한 K는 유명한 인물들을 연달아 취재하며 승승장구했다. 그러나 대조적으로, 그가 몸담았던 회사는 걸핏하면 직원들이 이직하는 바람에 경영에 어려움을 겪고 있다고 한다.

무대만 좇다가는 더 넓은 세계를 보지도 못한 채 끝내 무대 위에서 흔적 없이 사라질 수 있다.

오늘은 자유를 누리되
내일은 책임을 져라

프리랜서인 나를 유독 부러워하는 친구가 있다.

"넌 정말 좋겠다. 네가 있는 곳이 바로 사무실이잖아. 나처럼
러시아워를 뚫고 출근할 일도 없고, 네 마음대로 시간도 쓸 수 있
잖아. 게다가 나보다 돈도 더 많이 벌고……."

남의 떡이 커 보인다고 하더니 그 말이 사실인가 보다.

"특별한 기술은 없지만 나도 프리랜서가 될 수 있지 않을까?
어떻게 생각해?"

"아마 힘들걸……."

"왜? 이래 봬도 한다면 하는 사람이야. 이제 그놈의 회사는 지
긋지긋해, 언제든 사표 낼 준비가 됐다고!"

"특별한 기술이 없다면 프리랜서가 될 수 없어. 오히려 회사를 욕할 게 아니라 회사에 감사해야 할 것 같은데? 특별한 기술도 없는데 취업도 시켜주고 월급도 주잖아."

"쯧, 이렇게 직설적이니까 친구가 없는 거야! 그래, 사표는 내지 않겠어. 그래도 이렇게 계속 살 수는 없어. 내가 뭘 하면 될까?"

"사표 낼 생각은 일단 접어두고 퇴근한 후에 뭔가를 배울 수 있는 학원에 등록하는 건 어때? 관련 서적도 틈틈이 읽으면서 지식을 쌓는 거지. 그렇게 하면 업무에 지장도 주지 않을 테니 손해 볼 것도 없잖아. 일단 여가시간부터 충분히 활용하면서 실력을 쌓았다가 혼자 일해도 밥 굶지 않을 만큼의 실력과 자신감이 생기면 그때 사표를 내."

"일리 있는 말이야. 당장 영어회화 수업부터 신청해야겠다. 퇴근한 뒤에 흐지부지 시간을 보내느니 회화라도 열심히 해야겠어."

"잘 생각했어, 열심히 해 봐. 내가 도와줄 일 있으면 도와줄 테니까!"

그로부터 며칠 뒤 친구는 영어회화 수업을 신청한 뒤 주말에는 자동차 운전면허 학원을 다니기 시작했다. 그것만으로도 성이 차지 않았는지 관광가이드 자격증 수업을 신청하고 2주마다 기타를 배운다는 소식을 들려줬다.

왠지 흐뭇한 생각에 일주일 뒤에 전화를 걸었다.

"뭐 하고 있어?"

"친구랑 쇼핑 중이야."

"오늘 저녁에 회화수업 있다고 하지 않았어?"

"일주일 동안 열심히 공부했으니 오늘은 좀 쉬어야지."

며칠 뒤 친구의 SNS에 휴양지 사진이 올라왔길래 글을 남겼다.

"여긴 또 어디야?"

"주말이잖아, 스트레스 좀 풀려고 나왔어."

"주말에 자동차 운전면허 연습한다고 하지 않았어?"

"연습하려고 어제 전화해서 연습용 주행차를 예약하려고 했더니 예약이 꽉 찼다더군. 일부러 빠진 게 아니야."

"핑계 대지 마. 하루 전날 예약하면 차가 있을 리 없잖아."

"예, 예, 제가 잘못했습니다. 다음에는 꼭 미리 예약하지요."

일주일 뒤, 친구로부터 기타수업을 듣지 않는다는 소식을 들었다.

"하루 일과를 끝내고 나면 녹초가 돼서 손가락 하나 까딱하기 싫어. 아무 생각 없이 영화를 보거나 그냥 쉬고 싶어. 아무래도 기타는 내 적성이 아닌 것 같아."

내가 자신을 안쓰럽게 생각할 것이라고 판단했는지 엉뚱한 이야기를 꺼내기 시작했다.

"그나저나 너도 사는 게 쉽지 않겠구나. 어쨌든 난 꼬박꼬박 월급이라도 주는 회사라도 있지만 넌 어떻게 먹고살 거야?"

"내 걱정할 처지가 아닌 것 같은데? 자신과의 약속을 지키겠다는 자제력도 없으면서 자유롭게 일하는 프리랜서가 되고 싶다고? 흥, 어림없는 소리!"

교사 입장에서는 성적이 좋은 학생보다 성적도 나쁘고 행실도 바르지 못한 학생에게 눈길이 더 가는 법이다. 성적이 좋은 우등생은 내버려둬도 알아서 잘 하기 때문이다. 그래서 개인의 자유와 자제력은 정비례를 이룬다고 할 수 있다.

운전면허증을 준비할 때 감독관에게 시험에 통과하는 데 얼마나 걸리느냐고 물은 적 있었다.

"주행용 연습 차량을 제때 예약하기만 해도 한 달이면 충분할 겁니다. 그렇지 못하면 언제 면허증을 딸 수 있을지 알 수 없죠."

"제때라면 언제를 말하는 겁니까?"

"주말은 최대한 피하는 게 좋을 겁니다. 최대한 빨리 예약해두세요."

그래서 주행 연습을 나갈 때면 최소 일주일 전에, 그것도 남들이 잘 이용하지 않는 새벽 시간에 신청했다. 매일 새벽 5시에 일어나서 멀리 떨어진 운전 교습소를 다니며 연습한 결과 감독관의 말처럼 한 달 만에 4과목을 모두 통과하며 운전면허증을 손에 넣었다.

프리랜서로 일하면서 확실히 깨달은 한 가지 사실이 있다. 신분고하를 막론하고 누구에게나 하루 24시간이라는 기회가 똑같이 제공된다는 것이다. 이 사실을 깨달은 뒤로 늦잠을 자거나 밤 12시 전에 침대에 누운 적이 언제였는지 기억도 잘 나지 않는다. 매일 글을 쓰는 것 외에도 수업 후에 힘들면 가벼운 조깅으로 스트레스를 풀거나 독서, 영화감상을 통해 내실을 다졌다. 이따금 친구들과 가볍게 한잔한 후에도 '오늘의 퀘스트'는 반드시 완료하려고 노력했다.

한 친구가 내게 이런 말을 들려줬다.

"밤새도록 게임하며 놀아도 되지만 이튿날에 논문을 반드시 제출해야 해. 하루 종일 TV만 봐도 되지만 밀린 잠을 자느라 이튿날 수업을 빼먹어서는 안 돼. 해가 뜰 때까지 술을 마셔도 되지만 내일 시험을 꼭 봐야 해. 이렇게 할 수 있어야 자유를 누릴 수 있는 자격도 있는 법이지."

하루 24시간을 제대로 관리할 수 있는 자제력이 없다면, 주어진 시간을 합리적으로 사용할 줄 모른다면, 프리랜서가 되겠다는 생각은 일찌감치 버리는 게 좋다.

군사학교를 다닐 때는 필름이 끊길 때까지 술을 마셔도 크게 걱정하지 않았다. 제아무리 술을 많이 마셨더라도 동료나 상급자가 기숙사로 무사히 데려다 줄 것을 잘 알았기 때문이다.

그러던 중에 술로 인한 사고가 끊이지 않고 군기마저 해이해지자, 학교 측에서 학생들의 지나친 음주를 금지하는 학칙을 세웠다. 그때는 학교만 졸업하면 코가 삐뚤어질 때까지 술을 마시겠노라 다짐하기도 했었다.

군사학교를 그만둔 후 베이징으로 활동 반경을 넓히면서 술 마실 자리가 늘었지만 다른 사람의 부축을 받으며 집으로 돌아간 적은 단 한 번도 없었다. 오히려 내가 남들을 부축하고 집에 데려다 주는 일이 많았다. 그동안 주량이 늘어나서 그런 것이 아니라 주량껏 마시고 나면 자연스레 술잔을 거절하는 습관이 생겼을 뿐이다. 자유를 누리려면 응당 자신을 책임질 줄 아는 자세가 뒤따라야 한다.

어느 날, 친한 친구들과 술을 마시고 있는데 친구 중에 한 녀석이 나더러 많이 마시라고 했다.

"술 좀 마시지 말라는 말은 해 줄 수 없는 거야?"

"넌 평소에 많이 마시지 않잖아. 어느 정도 취했다 싶으면 술잔을 알아서 엎던데."

그러면서 술잔을 기울이던 다른 친구에게는 술을 마시지 말라고 하는 것이 아닌가!

"뭐야, 왜 쟤한테는 술 마시지 말라고 하는 건데?"

"저 녀석은 술이 들어가면 주사를 부리잖아. 한번 마시기 시작하면 끝장을 본다니까!"

영화 〈쇼생크 탈출〉에는 수십 년 동안 감옥에서 살다가 석방된 죄수가 등장한다. 자유가 없는 삶에 익숙해진 그는 퇴소한 뒤에 자살하고 만다. 하나의 체제에 오랫동안 몸담다 보면 자유로운 시간을 어떻게 사용해야 하는지 점점 잊게 된다. 자신을 어떻게 책임져야 하는지, 자신에게 주어진 24시간을 어떻게 사용해야 하는지 스스로 판단하고 결정하지 못하는 것보다 비극적인 일도 없을 것이다.

그동안 성공한 수많은 프리랜서를 알게 됐다. 그들은 고정된 시스템이나 소속에서 벗어난 후 많은 자유를 누렸지만 오히려 더 힘들게 지내고 있다고 하소연했다. 공항에서 비행기를 타기 전까지 정신없이 노트북을 두들겨 대기도 하고, 오랜만에 만난 친구가 화장실을 간 사이에 휴대폰을 통해 메일을 확인한다. 한 달 내내 별다른 수입도 없었지만 다음 달에 들어올 입금액을 기대하며 평소와 다름없이 바쁜 일상을 보낸다.

기본적인 생활을 보장받지 못하면 초조한 마음에 더 큰 능력을 발휘하는 법이다. 절벽 끝 낭떠러지까지 몰려야 자신에게 어떤 힘이 숨겨져 있는지 비로소 알 수 있다.

개구리를 뜨거운 물속에 집어넣으면 살려고 튀어나오지만, 차가운 물에 넣고 서서히 열을 가하면 자신이 죽어간다는 상황 자체를 알지 못한 채 죽어간다.

자유를 갈망한다면 자신의 한계를 파악하고 그 능력을 확신해야 한다. 그리고 자신의 시간을 관리하고 자신의 욕망을 다스려야 한다.

이 책을 읽는 당신이 가장 소중한 자유를 누릴 수 있기를 바란다.

1등이 그렇게 중요한 걸까?

세계에서 가장 높은 산이 뭔지 아느냐는 교사의 질문에 학생들은 모두 '에베레스트 산'이라고 대답했다. 학생들의 대답에 만족한 듯 고개를 끄덕이던 교사가 이번에는 두 번째로 높은 산이 뭐냐고 물었다. 아무도 대답하지 못하자 교사는 가볍게 미소를 지으며 입을 열었다.

"지금 들려준 이야기를 통해서 우리가 왜 시험이나 대회에서 1등을 노려야 하는지 이해했으리라 믿는다. 세상은 2등을 기억하지 못하거든. 누군가에게 기억되고 싶다면 꼭 1등 해야 한다."

학생들의 경쟁심을 고취시키기 위해 교사들이 종종 들려주는 이야기다.

이 에피소드를 통해 열심히 노력해야 하는 이유를 깨달았다면 이제부터 내가 들려주는 이야기에 귀 기울이기 바란다.

2년 전에 이 이야기를 몇몇 미국 학생들에게 들려준 적 있었다. 과연 그들은 뭐라고 대답했을까?

"왜 사람들이 기억해 주기를 기대하는 거죠? 최선을 다한 것만으로도 충분하지 않나요?"

이 말에 옆에 있던 여학생이 동의한다는 듯 고개를 끄덕였다.

"1등은 한 명밖에 차지할 수 없잖아요? 모두가 1등이 되기를 원한다면 누가 2등을 하겠어요? 2등에 오른 것도 충분히 대단한 것 아닌가요?"

"맞아요, 2등도 충분히 칭찬받을 자격이 있죠. 모두들 1등만 원하면 2등이 기분 나빠할 거예요."

또 다른 여학생이 앞의 두 사람의 의견에 맞장구를 쳤다. 그때 점잖게 있던 한 학생이 오히려 내 이야기를 정면으로 반박했다.

"세상에서 두 번째로 높은 산을 누가 모른다고 하던가요? 해발 8,611미터인 K2잖아요? 이번 여름방학 때 부모님이랑 다녀왔는데……."

그동안 우리는 1등이라는 타이틀에 집착한 나머지 1등을 제외한 존재의 중요성과 가능성을 새까맣게 잊고 있었다. 금메달을 따는 데만 매달리는 바람에 은메달, 동메달 혹은 메달을 따지 못한 선수들이 보이지 않는 곳에서 얼마나 많은 눈물과 땀방울을 흘렸을지 생각조차 하지 못했다.

일찍이 루쉰(魯迅)은 이러한 현상을 무척 안타까워했다.

"운동 실력을 겨루는 대회장을 찾을 때마다 걱정이 앞선다. 사람들은 승리를 거머쥔 승자에게 축하의 박수를 보내며 열광하지만 1등은커녕 결승점에도 도달하지 못한 참가자들을 향해 응원의 박수조차 치지 않고 냉정히 자리를 떠난다. 그들이 미래 중국을 짊어질 기둥이 된다면 이 사회는 과연 어떻게 될 것인가?"

국가를 구성하는 가장 중요한 요소인 '개인'이 마땅히 누려야 할 관심과 배려를 받지 못하고 점차 소외되고, 멸시되고 있다.

실력을 겨루는 대회라면 언제나 1등이 존재하기 마련이다. 1등은 그렇게 중요한 것일까?

학교에 다니며 공부할 때 선배들은 항상 '목욕통 효과'에 대한 이야기를 들려주곤 했다. 높이가 서로 다른 나무 조각으로 만들어진 목욕통, 그 안을 채울 수 있는 물의 양은 가장 짧은 조각에 따라 결정된다는 것이 목욕통 효과의 정의다. 한 마디로 말해서 선배들은 특정 과목에 치중하지 말고 전 과목에서 고르게 점수를 따야 한다고 강조했다.

하지만 오늘날 우리가 살아가는 세상에서 목욕통 효과가 여전히 유효한 것은 아니다. 목욕통을 구성하는 다양한 높이의 나무

조각 중에 짧은 조각이 있다면 더 많은 물을 채울 수 있도록 목욕통 자체를 기울이거나 목수에게 짧은 조각 위에 긴 나무 조각을 덧대 달라고 부탁해도 된다.

제아무리 유명한 거물이나 잘나가는 대기업이라고 해도 어딘가는 반드시 부족한 곳이 있기 마련이다. 그런 약점을 발견했다면 사람들에게 도움을 청해 부족한 점을 채우고 뛰어난 점을 널리 알려야 한다.

현대 사회에서 1등이나 금메달은 별다른 의미가 되지 못한다. 그보다는 누구한테도 대체될 수 없는 나만의 개성이나 기술을 보유하는 편이 더 중요하다.

대학 입시철만 되면 좋은 성적을 거둔 수험생들에게 눈부신 스포트라이트가 쏟아진다. 마치 인생의 승자라도 된 듯 떠받치지만 그것이 인생의 끝은 아니다. 별 볼 일 없는 학력을 지녔지만 자신만의 기술과 독보적인 개성으로 실력을 인정받는 사례가 점점 늘고 있다. 전교 1등도 아니고 선생님이 눈여겨 본 우등생도 아니지만 저마다의 노력을 통해 자신만의 길을 닦고 있다.

다시 말해서 그동안 1등만을 강조하던 우리의 교육관은 틀렸다. 우리는 그동안 성적만 가지고 학생들에게 우등생, 열등생이라는 꼬리표를 붙였다. 모든 학생은 저마다 자신만의 개성을 가지고 있다. 진정한 의미의 교육은 '최고'가 아니라 '유일함'을 찾는 과정이다.

　인터넷이 발전함에 따라 사회적인 분업화가 빠르게 속도를 내면서 학력에 상관없이 자신이 잘할 수 있는 분야를 누가 먼저 선점하느냐가 무엇보다 중요하게 작용하기 시작했다. 그래야 사람들로부터 실력을 인정받고 관심과 응원도 받을 수 있다.

　1등 뒤에는 더 많은 사람들이 서 있다. 한층 정교하게 구분된 분업 시스템에서 각자의 임무를 완벽하게 해낼 수 있을 때, 자신이 몸담은 부문에서 비로소 1등의 자리에 오를 수 있다.

　영화의 성공은 감독이 아니라 각본, 배우, 그리고 수많은 스태프의 묵묵한 헌신에서 비롯된다. 자신의 본연한 의무에 최선을 다하는 그들을 보고도 어떻게 무시할 수 있겠는가? 그들 역시 영웅이고 주인공이다. 비록 1등의 자리에 오르지 못했지만 그 수고를 인정해 줘야 마땅하다.

　1등보다는 독창성을 강조하고, 결과보다는 최선을 다하는 자세, 노력의 땀방울을 인정하는 사회로 거듭나기를 기대한다.

그대여, 아무 걱정 말아요

샤오팡을 알고 지낸 지 어언 8년, 정말 멋진 여자지만 한 가지 아쉬운 점이 있다면 무슨 일이 있어도 어두워지기 전에 반드시 집으로 가야 한다는 것이다. 요새같이 위험한 세상에 그게 무슨 결점이냐고 따질 수도 있겠지만, 항상 정해진 법대로 사는 것만큼 따분한 것도 없으리라.

날마다 똑같은 일을 한다고 가정해 보자. 매일 반복하다 보니 대체 그 일을 왜, 언제부터 하게 됐는지 기억나지 않을 만큼 무의식적인 습관으로 자리 잡고 말았다.

기계적인 일상에서 벗어나 작은 일탈을 시도하는 것만으로도 당신은 새로운 삶의 기쁨을 누릴 수 있다.

상식적으로 생각했을 때, 품행이 단정한 데다 빼어난 외모가

지 갖춘 샤오광에게 남자 친구가 없다는 것은 도무지 말이 되지 않지만 실제로 그녀는 단 한 번도 누구와 사귄 적 없었다. 도저히 믿겨지지 않아 나도 모르게 말이 먼저 나가고 말았다.

"눈에 들어오는 사람이 없는 거야, 아니면 아예 남자가 싫은 거야?"

"내가 왜 남자를 싫어해? 남자를 싫어하면 왜 너랑 어울리겠어?"

"화제 돌리지 말고 대체 뭐야?"

"하지만 사실인 걸. 여태껏 누군가한테서 불같이 뜨거운 감정을 받아본 적 없어. 기껏해야 문자 정도 받는 게 고작이었어. 이런 건 고백도 아니잖아."

"하지만 넌 아무한테도 옆을 내어 줄 기회를 주지 않았잖아?"

"내가 무슨 기회를 안 줬다는 거야?"

"남자들이 네게 무슨 수작이라도 부릴까봐 몸 사렸던 거 아냐? 그래서 해가 떨어지기 무섭게 집에 가겠다고 하고……. 대부분의 만남은 다 저녁 때 이뤄지잖아? 제대로 된 남자라면 낮에 일하고 밤에 쉰다고. 물론 나쁜 녀석들도 있지만, 넌 세상 남자를 죄다 천하의 나쁜 놈으로 매도했잖아!"

"그냥 밤늦도록 밖을 돌아다니는 게 싫을 뿐이지 그런 건 아니야."

"하지만 친구들이랑 모여서 밥 먹을 때도 넌 항상 먼저 일어났어. 우리랑 알고 지낸 지 8년이 넘었는데 아직도 우리를 못 믿는 거야?"

"너희를 못 믿는 게 아니라 어렸을 때부터 아빠가 그랬단 말이야. 여자는 사기그릇 같아서 밖으로 돌릴수록 깨지기 쉽다고……."

"넌 어엿한 성인이잖아. 언제까지 아빠 말을 들을 건데?"

"후후, 열 그만 내. 난 그만 갈 테니 재미있게 놀아."

올해 스물여덟 살인 샤오팡은 단 한 번도 이성과 함께 저녁 때 외출한 적이 없었다. 지나치게 모범적인 삶을 그녀는 과연 즐겁다고 생각하는 것일까? 매번 먼저 자리를 나서는 샤오팡 때문에 분위기가 식다 보니 이젠 아예 샤오팡을 불러내지 않게 됐다.

대부분의 사람은 낯선 사람을 만나면 상대를 일단 좋은 사람이라고 여기고 최대한 호의적으로 대하려 노력한다. 처음부터 상대를 의심하거나 나쁜 사람으로 매도하면서 최대한 거리를 두려고 하지 않는다. 왜냐면 그런 삶은 지나치게 답답하고 무료하기 때문이다. 상대를 의심하는 습관이 있다면 마음이 통하는 친구를 결코 얻을 수 없을 것이다.

특히 젊은 시절에는 정해진 규칙을 따르는 것보다 과감한 체

험과 경험이 무엇보다도 중요하다. 여러 번의 실패와 좌절을 겪으며 진정한 자아를 마주해야 더 크게 성장할 수 있다.

혹자는 여자는 남자와 다르다고 말할지도 모르겠다. 하지만 그 때문에 남과 다른 대접을 받아야 한다고 생각한다면 "난 여자잖아."라고 말하는 순간 스스로 자신의 한계를 정한 것과 진배없다.

한 지인으로부터 자신의 주량을 알게 된 일화를 들은 적 있다. 평소와 다름없는 어느 날 저녁, 휴식을 취하고 있는데 술병을 든 아버지가 나타나 가볍게 술이나 한잔하자고 했다. 아버지 말에 그녀는 아무 생각 없이 그러자고 했다. 아버지가 따라주는 술을 한 잔, 두 잔 받아 마시다 보니 평소보다 잔뜩 취하고 말았다. 그런 딸을 유심히 보던 아버지는 그녀를 방 안 침대에 눕힌 뒤 베개 옆에 쪽지를 하나 남겨 두었다. "딸, 네 주량은 여기까지인가 보다. 나중에 누군가와 술을 마시게 되면 지금처럼 마시지 않도록 주의해라."

아버지의 도움으로 그녀는 주량을 알게 됐지만 대부분의 경우 우리는 우리의 한계를 스스로 깨달아야 한다. 그래서 모든 것은 나름의 이유로 인해 존재하는 법이다.

당신이 여자인지 남자인지 그것은 중요하지 않다. '성별'이 당신이 지나치게 경직된 삶을 살아야 할 이유가 될 수 없다는 뜻이다. 적어도, 청춘일 때만이라도 틀에 박힌 삶에서 반드시 벗어나

봐야 한다.

샤오꽝에 대해 이야기를 하다 보니 불현듯 샤오이(小怡)가 떠오른다. 실제로 만난 것은 세 번에 불과하지만 이야기가 무척 잘 통하는 사람이었다. 샤오이를 다 알지는 못했지만 만날 때마다 항상 유쾌했던 것으로 기억한다.

친구 두 녀석과 티베트에 갈 준비를 하느라 외출에 나섰다가 우연히 샤오이를 만났다.

"어디 가?"

"내일 티베트로 떠나. 구급약 사러 나왔어."

"좋겠다, 티베트에 가다니……."

"부러우면 너도 같이 가자."

"정말? 좋아, 나도 간다!"

이튿날 샤오이는 저금해 둔 돈을 몽땅 찾아서 티베트 행 비행기 표를 샀다. 공항으로 가는 길에 샤오이에게 회사는 어떻게 하냐고 물었다.

"티베트에 가려고 회사에 사표 낸 거야?"

"아니, 일단 티베트에 가서 상사한테 휴가 쓰겠다고 연락하려고."

티베트에 도착한 우리는 설산을 오르며 자연의 위대함을 마음껏 감상했다. 워낙 지형이 험하고 지대도 높은 터라 휴대폰 신호가 잡히지 않았다.

"상사한테 어떻게 연락할 거야? 여기서는 신호가 전혀 안 잡히는데……."

"뭐 어떻게든 되겠지. 일단 즐기는 거야."

티베트 여행을 마치고 회사로 돌아간 샤오이로부터 규정을 제대로 지키지 않았다며 상사한테 크게 혼났다는 이야기를 들었다. 괜히 나 때문에 샤오이가 난처하게 된 것 같아 미안하다고 하자, 괜찮다며 손을 저었다.

"앞으로 살면서 일할 기회는 많지만 즉흥적으로 여행을 할 수 있는 기회는 많지 않을 거야. 한 번 경험해 봤으니 후회는 없어."

아마도 오랜 시간이 지난 뒤 샤오이는 자신이 일했던 회사의 사장 이름이나 지난 며칠 동안 자신이 무슨 일을 했는지 제대로 기억하지 못할지도 모른다. 하지만 즉흥적으로 떠난 티베트 여행은 평생 잊지 못할 것이다. 9시에 출근해서 5시에 퇴근하는 다람쥐 쳇바퀴 돌듯 같은 일상에서 벗어나 후회 없는 결정을 내린 경험은 그녀의 뇌리에 영원히 남아 있을 것이다.

첫사랑의 추억, 첫 이별의 아픔, 부모님과의 첫 갈등, 정든 고향을 떠나 낯선 곳에서 시작하는 첫 독립……. 이 모든 것은 자신의 한계를 뛰어넘는 중요한 순간이다.

세상은 당신이 상상도 하지 못할 만큼 크고 다양하다. 그 속에서 당신은 조금씩 제 발로 '탐험'하는 방법을 배워야 한다. 만약 내일 이 세상이 멸망한다면 누구든, 모든 인간은 죽고 말 것이다. 다시 말해서 저마다 출발점이 달랐던 사람들도 결국에는 죽음이라는 똑같은 결승점을 통과하게 된다. 당신이 주어진 시간을 어떻게 살아 왔는지에 따라 전혀 다른 표정으로 결승점을 통과하게 될 것이다.

학업, 취업, 결혼, 자녀 문제로 무의미하게 반복되는 삶을 살지 마라.

당신은 더 나은 삶을 살 자격이 있다.

여자라는 이유로 낯선 곳으로부터의 초대를 거절하지 마라.

사람은 성별에 상관없이 자신만의 경험을 쌓아야 한다.

사람은 모두 제각각이니 다른 사람과 다르다고 겁낼 것 없다.

그러니 그대여, 아무 걱정 마라.

미지의 세상에 대한 호기심을 품고 자신의 삶을 탐험하라.

원컨대 그대의 삶과 시간, 평범한 일상과 청춘이 아름다운 노래가 되어 온 세상에 널리 울려 퍼지기를…….

도망칠 길이 없다면 앞만 보고 달려, 밑져야 본전이야

4년 동안 수강 신청을 받을 때마다 이런 사람이 꼭 한 명씩은 있기 마련이다.

"선생님, 지금부터 공부를 시작해도 늦지 않을까요?"

강의를 막 시작했을 당시의 나는 열심히 노력하면 반드시 원하는 것을 이룰 수 있을 거라며 격려의 말을 건넸다. 하지만 점점 나이가 들고 경력이 쌓이면서 현실적인 충고를 들려주게 됐다.

"내가 늦었다고 해도 계속 공부할 거지?"

"네, 어차피 달리 도망칠 길이 없잖아요."

"도망칠 길이 없다면 앞만 보고 달려. 밑져야 본전이야."

작년 5월 말경, 중요한 시험을 앞두고 모두 진지한 자세로 시험을 준비하고 있었다. 그러던 중 한 학생이 내 SNS에 이런 글을 남겼다.

"선생님, 시험까지 열흘 남았는데 아직 기출문제도 다 못 풀었어요. 단어도 제대로 못 외웠는데 지금부터 열심히 하면 좋은 성적을 받을 수 있을까요?"

그동안 강사로서의 경험에 비춰봤을 때 시험을 코앞에 둔 상태에서 단어까지 제대로 못 외웠다면 절대로 높은 점수를 받을 수 없다는 걸 모르려야 모를 수가 없다.

점수는 포기하고 일단 시험에 참가한 경험을 쌓는 데 의의를 두라고 훈계할 생각이었지만 학생의 절실한 마음이 느껴져 나도 모르게 응원의 말을 전하고 말았다.

"지금부터 미친 듯이 하는 거야. 결과는 신경 쓰지 마. 죽기 아니면 까무러치기야."

그 후 열흘 동안 학생은 매일 몇 시간씩 단어를 외우고 기출문제를 풀며 공부에 매달렸다. 대망의 발표일, 대부분의 자기계발서에 등장하는 결과와 달리 학생은 60점을 받는 데 그쳤다. 학생은 내 SNS에 실망감 가득한 댓글을 남겼다.

"이번 시험에서 60점 받았어요. 전 더 이상은 안 되는 것 같아요. 다시는 시험 보지 않을 거예요."

"너무 실망하지 마. 그런데 지난번 시험에서는 몇 점을 받은 거야?"

"20점이요."

"뭐 그래도 저번보다는 점수를 잘 받은 것 같은데, 꾸준히 공부하면 좋은 성적을 받을 수 있을 거야. 계속 공부할 거지?"

한동안 대답이 없던 학생은 그러겠노라 댓글을 남겼다.

훗날 온라인 강의에서도 학생의 ID를 여러 번 볼 수 있었다. 거의 매일 실시간 강의 수업을 듣기도 하고, 녹화된 강의를 보면서 궁금한 내용을 제출하기도 했다. 7월 여름방학을 시작으로 12월 마지막 모의고사반이 끝날 때까지 장장 5개월 동안 나와 함께 열심히 시험을 준비했다. 시험 결과 학생은 550점을 받았다. 영어를 전문적으로 가르치는 강사도 쉽게 받을 수 없는 높은 점수였다. 솔직히 말해서 그 학생이 이렇게 높은 점수를 받을 줄은 꿈에도 몰랐다.

시험 성적표만 나오면 시무룩하던 학생이 이제는 날마다 영단어를 외우면서 미드를 자막 없이 보고 있다. 그동안의 실패를 극복하고 좋은 점수를 받을 수 있었던 비결이 무척 궁금했다.

"일찍 준비하면 돼요. 자신한테 더 많은 시간을 주고, 할 수 있다고 믿는 거죠. 시작이 반이라고 하잖아요? 밑져야 본전이니까요."

젊은 시절에는 사소한 일에도 고민하고 두려워한다. 부정적인 기분을 날려버릴 수 있는 최고의 방법은 첫걸음을 뗄 때까지 미적거리지 말고 일단 저지르고 보는 것이다.

나서야 할 때면 즉시 움직이고, 행동을 취해야 할 때는 꾸물거리지 마라. 결정이 늦었다고 자책할 것 없다. 특히 어린 청소년일수록 자신에게 책임을 돌리는 습관을 버려야 한다.

운명의 여신은 노력하는 모든 사람에게 그에 맞는 기회를 제공한다. 처음부터 기회를 잡지 못한 채 연거푸 좌절하더라도 '대기만성'할 수 있다.

누군가에게 자신의 마음을 고백하고 싶다면 지금 당장 전화를 걸고, 영어를 배우고 싶다면 영단어부터 외워라.

여행을 가고 싶다면 돈부터 모아라. 시간이 없다고 투덜거리거나 지금 시작해도 늦지 않았냐고 물어볼 생각이라면 많은 곳을 자신의 두 발로 직접 다녀라. 열심히 걷다 보면 언젠가는 그렇게 어려운 것이 아니라는 것을 깨달을 수 있을 것이다.

길가에 늘어선 아름다운 풍경을 한 발 늦게 알아차리는 것보다 더 불행한 일은 없다.

3

우리가
열광해야 할 것들

ⓒ 김민서

"그 사람을 다시는 보고 싶지 않아요.
그 사람과 관련된 그 어떤 것도……."

결코 단순하지 않은
'진실'의 판단

사람은 이야기를 통해 세상을 이해한다. 이야기에 담긴 모순이 많을수록 사람은 점점 악하게 변한다. 그러나 좋은 교훈을 담은 이야기는 세상에 대한 당신의 이해를 더욱 성숙하게 만들고 세상에 당당하게 맞설 수 있는 용기를 부여한다. 하지만 우리가 직면한 현실은 어떤가?

최근에 개인적으로 친한 여자 친구로부터 생일 파티 초대를 받았다. 우리들은 모두 친구에게 생일 축하한다고 인사를 건넸는데, 어찌된 영문인지 그 친구는 닭똥 같은 눈물을 뚝뚝 흘렸다. 대체 무슨 일이냐고 물으니, 남자 친구한테 차였다며 더욱 서럽게 울기 시작했다. 하필이면 생일에 이런 일이 생겼다니 모두가 안됐다는 마음으로 친구를 위로했다.

"그런데 왜 헤어진 거야? 설마 남자가 양다리 걸친 거야?"

고개를 끄덕이는 친구를 보며 우리 모두 '쓰레기 같은 놈'이라고 욕하기 시작했다.

자, 여기까지 이야기를 들은 소감은 어떤가?

어쩌면 당신은 알지도 못하는 남자를 착한 여자 친구를 버린 나쁜 놈이라며, 천벌 받아도 마땅하다고 생각할지도 모르겠다.

하지만 이것이 전부 진실일까?

그 사건이 있은 지 몇 개월이 지난 어느 날, 내 친구를 버린 그 쓰레기를 우연히 만나게 됐다. 대체 어떻게 된 일인지 따져 묻다가 충격적인 이야기를 들었다.

"사실 여친이 전 남친하고 통화하는 걸 자주 봤어요. 언젠가 한번은 같이 놀러간다고 하더군요. 솔직히 기분이 좋지 않았던 터라 나중에 전 남친을 만나지 않았으면 좋겠다고 여러 번 이야기하기도 했죠. 그런데 그때마다 하는 말이 가관인 거예요. 전 남친과는 그저 친구 사이일 뿐이고, 요새 실연을 당해서 힘들어하기에 자기가 좀 돌봐 줘야 한다고요. 그래서 제가 먼저 헤어지자고 했어요. 여친은 싫다고 했지만 전 이미 마음을 굳힌 터라 더 이상 신경 쓰고 싶지 않았고요. 헤어진 뒤 한 달 정도 지난 후에 다른 사람을 알게 돼서 지금 사귀는 중이에요."

자, 여기까지 듣고 나니 또 어떤 생각이 드는가?

"여자가 제정신이 아니네. 그런 여자를 한때 여친이라고 생각했던 남자가 더 불쌍하다. 이런 여자는 차여도 싸!"

잠깐, 이게 전부일까?

아직 끝이 아니다. 내 친구는 왜 전 남친을 만나려 했던 것일까? 사귀고 있던 남자가 내 친구한테 최선을 다하지 않은 것은 아니었을까? 헤어진 지 한 달 만에 다른 여자를 사귀고 있다니, 자신이 양다리 걸친 것을 들키지 않으려고 거짓말을 한 건 아니었을까?

당사자가 아니고서야 누구도 진실을 알지 못하지만 사람들은 도덕적 측면에서 복잡한 문제를 단순하게 평가한다. 그럴수록 마지막에 얻게 되는 결과는 진실과 멀어질 뿐이다. 그래서 지금도 내 친구의 친구들은 남친을 '쓰레기 같은 놈'이라고 부르고, 그 남친의 친구들은 내 친구를 옛 애인한테 미련을 품은 '양다리'라고 부른다.

예전에 영화 제작자의 소개로 전도유망하다는 감독 몇 명을 소개받았다. 그중 한 감독은 인사를 나눈 지 얼마 안 된 순간부터 자신과 함께 일했다는 제작자를 홍보하기 시작했다.

"영화 찍는 데 약 300만 위안(약 5억 원) 되는 투자금이 들었는데 그중에서 약 30만 위안(약 5천만 원)을 자기 몫이라고 가져가 더니, 남은 투자금도 내주지 않더군요. 돈 몇 푼 더 쥐겠다고 양심까지 팔았지 뭡니까!"

하지만 그 다음 날 만난 또 다른 감독은 어제 제작자를 비난한 감독에 대한 업계 소문을 들려주었다.

"그 감독 이 바닥에서는 욕심 많기로 유명하답니다. 베이징에 이미 집 한 채 장만해 놨다던데 그것만으로도 성이 안 차는지 원……. 언젠가 영화계에서 쫓겨나고 말 거예요!"

나중에 만난 사람들도 처음 만났던 감독에 대해 죄다 안 좋은 이야기만 늘어놓았다. 목숨보다도 돈이 더 귀한 사람이라는 이야기부터 양심을 버렸다는 노골적인 비난도 있었다.

그 일이 있은 후 한참 뒤에 첫날 만났던 감독과 우연히 재회했다. 이야기꽃을 피우며 술잔을 기울이다 보니 상대는 거나하게 취하고 말았다. 술김에 감독은 자신에 관한 이야기를 이것저것 털어놓기 시작했다.

"제가 챙겨야 할 가족이 많아요. 어렸을 때 아버지가 돌아가셔서 일할 능력이 없는 어머니를 대신해 동생들을 제가 키웠죠. 근데 남동생이 많이 아파요. 여동생은 곧 있으면 대학교에 진학하려고 하는데……. 요새 베이징 물가가 얼마인지 아십니까? 사람들은 날보고 돈에 영혼을 팔았다고 하지만 동생들만 생각하면 조금도 부끄럽지 않습니다!"

여기까지 이야기를 쏟아 내던 감독의 눈시울이 이내 붉게 변하더니 뜨거운 눈물을 쏟기 시작했다. 목숨보다 돈을 더 소중하게 여긴다는 사람이 얼마나 서럽게 울던지…….

이러저런 사건을 겪으면서 도덕적 잣대로 다른 사람을 평가하는 일에 대해서는 유독 신중을 기하는 습관이 생겼다.

다른 사람의 도덕성을 평가하는 일은 무척 단순하지만 그 뒤에 숨어 있는 논리, 사연, 진실은 생각보다 훨씬 복잡했다. 그제야 나는 '진실'이라는 두 글자의 무게감을 제대로 느낄 수 있었다.

지금껏 살아오면서 항상 내 자신에게 하는 충고가 있다.

'무슨 일이든 진위를 확인하기 전까지 함부로 단정 짓지 마라!'

자신에게 이런 충고를 하게 된 데는 그럴 만한 사정이 있다. 오늘날 진실을 파악하는 것이 그 어느 때보다 어려워졌기 때문이다. 진실에 대한 사람들의 이해의 정도가 모두 다르다 보니 진실을 알기가 한결 어려워진 것이다. 혼란의 시대에 우리가 할 수 있는 것이라고는 조사, 분석을 통해 진실을 향해 '최대한' 접근하는 것뿐이다. 그래서 책임 있는 태도로 객관적으로 조사하고 최대한 많은 증거를 수집한 뒤에 결론을 내려야 한다.

조사 과정에서 사람들은 진실이 결코 단순하지 않다는 사실을 발견할 수 있을 것이다. 어쩌면 진실을 바라보는 저만의 인식이 존재한다는 사실도 발견할지 모르겠다. 요컨대 정보가 늘어날수록 사람들은 더 쉽게 다른 사람을 이해할 수 있다. 그리고 사람들이 이러한 사실을 이해할 때 비로소 성장하기 시작한다.

최근 들어 인터넷에 글을 올릴 엄두가 나지 않는다. 어떤 의견을 내놓든 누군가로부터 항상 공격을 받기 때문이다. 어떤 사람은 글도 제대로 읽어보지 않고 다짜고짜 악플부터 달기도 한다. 이처럼 모든 비난은 오해로부터 출발해서 '우견(愚見)'으로 끝난다.

이를테면 우리는 그동안 블로그나 SNS를 통해 누가 누구랑 바람을 피웠네, 또 누가 거짓말을 했네 하며 맹비난을 쏟아 내기 일쑤였다. 앞뒤 사정도 제대로 알아보지 않은 채 그저 외부에 드러난 교묘하게 편집된 정보만을 가지고 손가락질하는 데 급급했던 것이다.

내가 가진 정보도 불완전한 마당에 당사자가 확실한 정보까지 노출하지 않는다면 그 누구도 정확한 상황을 파악할 수 없다. 그러므로 다른 사람의 삶을 이해하지 못했다면 오히려 침묵할 줄 아는 것이 상대에 대한 존중의 표시다. 진실의 조건도 제대로 알지 못한 채 왜 상대를 향해 손가락질하고, 다른 사람 일 때문에 고민하는가? 대체 우리가 사는 세상을 어떻게 바로잡아야 하는가?

빠르게 발전하는 세상에서 진실은 점점 더 외면받는다. 그래서 진실 뒤에 숨겨진 논리와 사연, 이들을 바라보는 당신의 이해의 폭이 중요하게 작용한다.

이해의 폭을 넓히려면 열심히 책을 읽고 사고하며, 주변의 의견을 경청해야 한다. 이런 사람들은 새로운 사건, 잘 알지 못하는 사물에 대한 강한 호기심에 이끌려 날마다 치열하게 공부한다. 그러다 보니 자신의 생각이 언제든지 틀릴 수 있다는 유연한 사고를 지니게 된다.

마구잡이로 결론부터 내는 사람은 스스로 제 발등을 찍기 쉽다. 이에 반해 자신의 무지함을 인정하는 사람은 더 낮은 자세로 임하며 더 많은 것을 배울 수 있다.

유발 하라리(Yuval Noah Harari)의 책 『사피엔스』는 사람이 자신의 무지함을 알기 때문에 더 넓은 세상을 볼 수 있다고 말한다. 우리도 이러한 사실을 받아들이고 후회 없는 청춘시절을 보냈으면 한다.

이해할 수 없다면
소통의 방법을 배워라

오랫동안 획일화, 집단화를 강조하는 환경에 노출된 상태에서 도덕적 잣대에 의해 저울질되다 보면 누구든 자유의지를 잃기 마련이다. 그러다 보니 다양성이 사라지고 비판정신 또한 희박해져 다양한 목소리는 자취를 감추게 된다.

정서적으로 쉽게 휩쓸리는 사람이 많을수록 그 사회는 진실에서 멀어지기 마련이다. 집단에서 이탈하는 사람을 못마땅하게 여기는 사람이 많을수록 그 체제에서는 획일된 목소리만 들리는 법이다. 그런 점에서 거의 모든 독재자는 집단화를 능수능란하게 다룰 줄 아는 고수 중의 고수다.

예전에 유명한 독일 영화 〈파도(The Wave)〉를 본 적 있다. 독일 작가 토드 스트래서(Todd Strasser)의 동명소설을 각색한 이 작품은 고등학교 교사가 학생들에게 파시즘의 독재 체제를 실제 경험해 볼 수 있도록 실시한 교실 실험을 소재로 삼고 있다.

"제2차 세계대전이 종식된 뒤에도 독일에서 독재 정치가 가능할까?"

교사의 질문에 학생들은 모두 말도 안 된다고 고개를 내저었다.

이어서 교사와 학생들은 이를 위해 '교실'이라는 제한적 공간에서 실험을 해 보기로 결정했다. 단 여기에는 한 가지 '규칙'이 따랐다. 수업시간 도중에 발표할 때는 반드시 먼저 손을 들어서 선생님한테 허락을 받아야 한다는 것이다. 사실 대부분의 서양 교육 체계에서는 교사와 학생의 관계가 평등하기 때문에 손을 들고 선생님한테 발언권을 얻을 필요가 없다. 어쨌든 규칙이 정해졌으니 모두 규칙에 따르기로 동의했다.

학생에게 발언권을 줄 수 있는 권력이 교사 개인에 의해 독점되면서 학생들은 모두 교사의 뜻에 복종해야 했다. 몇몇 학생들이 규칙을 따르지 않자 그들은 집단에 의해 축출되거나 따돌림의 대상으로 전락하고 말았다. 이러한 상황이 여러 번 반복되면서 말도 안 되는 규칙은 어느새 모든 학생이 반드시 지켜야 하는 철칙으로 변질되고 말았다.

이어서 교사는 집단의 대표를 선출하는 투표를 실시하기로 했다. 선출된 대표는 앞으로 반을 이끌며, 모든 사람은 그의 말에 복종해야 했다. 고민할 것도 없이 교사의 의도는 분명했다. 투표를 통해 자신이 교실과 학생에 대한 절대적인 권력을 확보하려는 것이었다. 엄격한 기강을 갖춘 조직에 모두 복종해야 하는 우상이 등장하면, 그 순간부터 계급은 구분되고 교리는 엄격하게 변한다. 이렇게 해서 파시즘의 전제주의적 분위기가 서서히 확산되기 시작한다.

교실에서 절대적 권력을 쥐게 된 교사는 이번에는 학생들에게 통일된 복장을 입도록 했다. '물결'이라는 고정된 조직명을 갖게 된 아이들은 조직을 상징하는 상징과 경례 자세까지 정하기에 이르렀다.

조직을 위한 모든 여건이 마련되면서, 조직은 빠르게 성장했다. 자신과 다른 사람에게 반기를 들거나, 다른 의견을 제시하는 사람을 공격하는 사례가 점점 늘어났다.

이보다 더 중요한 것은 자신들과 똑같은 경례 자세를 취하라며 다른 사람들에게 강요하기 시작한 것이다. 여기에 따르지 않는 사람은 수업을 듣지 못하게 하거나 아예 교문 안으로 들어오지 못하도록 막기도 했다. 복장 규정을 위반하면 학교 활동에 아예 참여조차 할 수 없었다. 자신들의 의지에 따르지 않는 무리가 생겨나면 더 이상 확장하지 못하도록 싹을 잘라버리기도 했다.

조직이 점점 확대되면서 휘두를 수 있는 권력이 점점 커지자, 이 조직을 선택하는 학생들도 점점 늘어났다. 교실 전체가 똑같은 옷을 입은 학생들로 가득 차고, 수업시간 동안 발언권을 얻기 위해 학생들은 앞다투어 손을 들었다. 모든 학생의 다양성이 핍박받으며 훼손되기 시작했다.

'물결'이 정도를 벗어났다고 판단한 교사가 조직을 해산하기로 결정하지만, 대부분의 학생들은 언제든지 남에게 명령을 내릴 수 있고, 자신과 생각이 다른 사람을 마음대로 다룰 수 있는 독재적인 조직을 '절대적 믿음'처럼 여겼다. 절대적 믿음이 사라지자, 그 자리에 있던 학생이 충격에 빠진 나머지 자살하고 말았다. 그 책임을 물어 학생들을 이끌던 교사는 투옥된다.

이 영화는 실화를 소재로 각색한 것으로, 실화의 배경은 독일이 아니라 자유주의를 부르짖는 미국이다. 그리고 실험을 시작한 이래 비극적인 결말에 이르기까지 겨우 일주일밖에 걸리지 않았다. 교사는 사교(邪敎)와 같은 조직을 해산하며 긴 한숨을 내뱉는다.

"개인의 자유를 억압하고 다양성을 파괴하는 일, 다른 사람들에게 똑같은 일을 강요하는 일이 이렇게 빨리 조직 전체로 확산될 줄이야……."

이 영화는 우리에게 한 가지 묵직한 메시지를 전한다. 대다수의 사람이 특정한 방향을 선택했다면 소수의 사람들에게 그들과 다른 방향을 선택할 자격이 주어질 것인가, 만일 남과 다른 방향을 선택했다면 그 이유 하나만으로 비난받고 생명의 위협을 받아야 하는가, 사람의 자유 의지와 집단화 중에서 어느 것이 더 중요한가?

'소수는 다수를 따라야 한다.', '진리는 항상 소수의 진리였다.'는 말은 완전히 모순되지만 어릴 때부터 주변에서 쉽게 들을 수 있는 말이다. 소수는 다수의 뜻에 복종해야 하는가, 아니면 다수가 소수의 의견을 따라야 하는가?

세상을 구성하는 존재들이 저마다 다른 빛깔을 내기에 우리가 살아가는 거대한 세상은 아름다울 수 있다. 국가, 가정을 막론하고 다수의 사람들이 폭정을 휘두르거나 소수에 의한 권력 독점을 우리는 지난 역사에서 수없이 목격했다. 이러한 집단화는 개성을 말살하거나 자유를 억압할 뿐, 결과적으로 득보다는 실이 많았다.

지독하게 가난했던 어머니는 딸에게 오랫동안 사귀었던 남자친구와 헤어지고 돈 많은 남자를 찾으라고 다그친다. 사랑보다 돈을 택한 딸은 남편과의 성격 차이로 파탄에 이르고 만다. 생활이 어려워서 평생 떠돌던 아버지 밑에서 자란 아이는 나중에 커서 집을 마련하기 위해 거액의 대출을 받는다. 하지만 형편이 여의치 않아 내 집 마련의 꿈을 이루기는커녕 대출의 늪에 빠지고 만다. 어른들은 자녀들에게 결혼을 재촉하고 교사는 학생들에게 손을 들고 허락을 구한 뒤에야 발언할 수 있다고 가르친다. 동성애를 혐오하는 사회, 약자를 도와주기는커녕 오히려 사지로 몰아넣는 강자…….

모든 문제는 인간에게 최소한의 포용력도 부족하다는 사실에서 비롯된다. 자신과 같은 생각을 지닌 사람이 많다고, 자신의 주장이 일리가 있다는 이유로 다른 사람에게 자신의 생각과 방법을 강요하는 이유는 무엇인가?

이 글을 쓰던 중에 배우 '차오런량(喬任梁)'의 안타까운 죽음에 관한 소식을 알게 됐다. 솔직히 말해서 개인적으로 잘 알지 못하지만 진심으로 고인의 명복을 빈다. 그런데 이 사건이 일어난 지 얼마 지나지 않아 '천차오은(陳喬恩)'이라는 이름이 인터넷과 신문, 잡지에 도배되기 시작했다. 대체 어떤 사람인지 궁금한 마음에 검색해 본 뒤에야 이유를 알게 됐다. 친구였던 차오런량이 죽었는데도 SNS나 블로그에 명복을 비는 글을 올리지 않았다며 네티즌으로부터 뭇매를 맞고 있었다. 그런 그녀를 향해 그러고도 사람이냐는 혹독한 비난이 쏟아졌다.

그 기사를 보고 나서야 내 가치관, 인생관, 그리고 세계관이 와르르 무너져 내렸다. 천차오은을 비난하는 사람들은 대체 무슨 자격과 근거로 타인에게 자신과 똑같은 방식으로 고인을 애도하라고 강요한단 말인가? 친구가 죽으면 일단 SNS에 글부터 올려야 한단 말인가? 이렇게 살아야 한다며 타인에게 잣대를 들이대는 근거는 또 무엇인가? 우리가 사는 세상에는 쓸데없는 도덕적 잣대가 너무 많다.

대형사고가 터졌다는 소식에 누군가는 알리바바의 CEO 마윈(馬雲)의 SNS에 이런 글을 남겼다.

"엄청난 부자라고 하던데 기부금 좀 팍팍 내쇼!"

누군가가 이혼했다는 소식에 그들의 SNS에 찾아가 염장 지르는 소리를 늘어놓기도 한다.

"잘 생각했어, 뭐 하러 아웅다웅하며 살아? 이렇게 깨끗하게 갈라서고 나니 가뿐하니 좋잖아."

타인의 일에 간섭하고 자신의 기준에 맞추도록 강요하기를 좋아하는 것이 원래 인간의 본성이다. 이를 통해 자신이 옳다는 것을 증명하려는 것이다. 이처럼 자신만만해 보이는 행동 뒤에는 자신에 대한 열등감이 숨어 있다.

모든 사람은 저마다의 생각과 고충이 있는 법이다. 그것을 온전히 이해할 수 없다면 존중하고 포용하는 방법을 배워야 한다. 당신이 이해하지 못하는 사람, 당신을 이해하지 못하는 사람을 이해하는 방법도 배워야 한다.

진정한 의미의 교양이란 얼마나 많은 책을 읽었는지, 얼마나 많은 곳을 가봤는지에 따라 얻을 수 있는 것이 아니다. 교양을 갖춘 사람은 사회의 다양성을 포용할 줄 안다. 그래서 타인에게 자신과 똑같아지기를 억지로 요구하지도 않고, 상대에게 자신의 생각을 억지로 주입했다고 해서 자신이 강자라도 된 듯 의기양양해하지도 않는다. 그들은 그저 자신의 삶에 최선을 다할 뿐이다. 그런 뒤에 넓고 넓은 세상에 다양한 사람이 살고 있다는 사실에 그저 감탄한다.

이해할 수 없다면 소통하는 방법을 배워라. 다양한 관점은 당신에게 가지각색의 세상을 보여 줄 것이다.

마음이 가난한 사람을 멀리하라

내가 살고 있는 싼리툰은 사람은 물론, 차도 많은 곳이라 주차난이 심각한 편이다. 내가 직접 차를 몰고 나가는 경우는 그리 많지 않지만 운전할 때마다 자동 요금기가 달린 지하주차장에 주차하곤 한다. 편하기는 한데, 요금이 만만치 않다. 1시간에 15위안(약 2,500원)이나 한다.

한 친구가 내게 사람이 요금을 받는 길가에 세워두라고 알려줬다.

"주차한 지 1시간 이내일 때는 10위안(약 1,600원), 2시간부터는 할인해서 15위안이야. 게다가 회사에서 가까운데 뭐하러 비싸고 멀리 떨어진 주차장을 이용하는 거야?"

"내가 한 가지 재미있는 실험을 보여 줄까?"

그날 오전 11시 50분에 나는 친구와 함께 차를 타고 친구가 말한 길가에 주차했다. 그러자 요금 징수원처럼 보이는 사내가 우리 쪽으로 걸어왔다. 주차 요금을 묻는 말에 시커먼 얼굴을 한, 남쪽 사투리를 쓰는 사내는 내가 제대로 알아듣지 못하기를 바라는 것처럼 순식간에 요금을 알려 줬다.

"너무 빨라서 못 알아들었는데, 다시 말씀해 주실래요?"

"주차한 지 1시간 이내라면 10위안, 2시간째부터는 15위안이라고요."

우리는 고개를 끄덕인 뒤 차를 맡기고 점심을 먹으러 갔다.

12시 50분 정각에 주차된 곳으로 돌아왔다. 징수원과 친구를 슬쩍 쳐다본 뒤 징수원에게 10위안을 건넸다. 하지만 사내는 고개를 흔들더니 요금을 더 내라고 했다.

"15위안 주세요."

"왜요? 처음 1시간 동안은 10위안이라면서요? 1시간 주차해 둔 건데 왜 15위안을 내라는 겁니까?"

"11시 45분에 주차하셨잖아요. 지금이 12시 50분이니 1시간 넘었네요."

사내의 말을 듣고 있던 친구가 버럭 화를 냈다.

"이봐요, 우린 11시 50분에 왔다고요! 아직 1시간 안 지났잖아요."

우리가 주차한 시간을 기억하고 있을 거라고는 생각 못 했는지 사내는 꽤나 놀란 눈치였다. 하지만 이내 침착한 표정으로 입을 열었다.

"그런가요? 뭐 어쨌든 지금은 12시 52분이니 주차한 지 1시간은 확실히 지났네요. 그러니 15위안 내세요."

대화를 빨리 끝내고 싶었던 나는 나름 타협안을 제시했다.

"그러지 말고 초과한 2분에 대해서는 1시간이 아니라 30분 요금만 받으세요."

"30분 요금이라는 게 어디 있답니까? 주차요금은 시간 기준으로 징수한다는 규칙이 엄연히 정해져 있는데……."

사내의 반응에 친구는 황당하다는 표정을 지었다.

"무슨 규칙이 뭐 그리 많아요? 그 규칙이라는 거, 진짜 있기는 한 겁니까? 명문이 있어요?"

"사람이라면 누구나 다 아는 걸 뭐 하러 쓴답니까?"

"아니 그럼, 지금 우리는 그걸 모르니 사람이 아니라는 겁니까!"

"어쨌든 돈을 내지 않으면 차 못 가지고 갑니다."

말을 마친 사내는 험상궂게 보이는 사람을 부르더니 우리 차를 지키라고 했다.

몇 푼 안 되는 돈 때문에 일 키울 필요 없다고 생각한 친구가 주머니에서 15위안을 내줬다.

회사로 가자는 친구의 말에 난 아무 말도 하지 않고 그저 미소만 지었다. 돌아오는 길에 친구에게 기분은 괜찮으냐고 물었다.

"똥 밟은 기분이야."

"후후, 이제 알겠냐? 네가 말한 곳이 확실히 싸지만 그렇다고 거길 이용하고 싶지는 않아. 돈 몇 푼 때문에 거기 있는 사람들이랑 말싸움 할 바에야 차라리 돈 더 내고 마음 편한 게 나아. 정가가 정해져 있는 지하주차장에는 기계가 주차 시간을 확인하고 요금을 징수하니까 실랑이 벌일 일 없고, 이랬다저랬다 할 것도 없으니 훨씬 편해. 게다가 시간도 절약할 수 있잖아."

내 설명에 친구는 묵묵히 고개를 끄덕였다.

몇십 위안, 혹은 몇만 위안 때문에 싸우다가 돈도 잃고, 마음도 다치는 경우를 주변에서 심심치 않게 볼 수 있다. 몇십 위안 더 받았다고 해서 그 돈으로 부자가 될 것 같지는 않다. 당장 몇 푼 더 챙겨서 주머니 사정이 나아졌을지 몰라도, 주변 사람들한테 신뢰를 잃는 바람에 더 큰 기회를 놓칠 수 있다.

우리 주변에는 이런 사람이 너무도 많다. 단순히 가난해서 그런 것이 아니라 생각이 짧다는 데 문제가 있다. 돈도 돈이지만 무슨 일이든지 일단 계산기부터 두드려 대는 경박함이 가장 큰 문제다. 살아가면서 그런 사람을 만나게 되거든 최대한 멀리하라.

그런 사람들과 부딪혀 봤자 내 어깨만 아플 뿐이다.

　대학교 때, 같은 기숙사를 쓰는 친구와 자주 어울리곤 했다. 어느 날, 집에 전화할 일이 있었는데 마침 휴대폰 전원이 남지 않은 상태였다. 그래서 친구에게 휴대폰을 빌려서 통화를 한 뒤 고맙다는 인사와 함께 돌려줬다. 기숙사를 향해 가던 나를 친구가 쫓아왔다.

　"야, 방금 2분 동안 통화했으니까 5마오(毛 : 중국의 회폐 단위로 1위안의 1/10, 약 80원) 줘."

　처음에는 친구가 장난치는 줄 알았는데, 얼굴을 보니 오히려 진지했다.

　"그러지 말고 내가 점심 살게."

　내 제안에 녀석은 한참 고민하더니 알겠다고 대답했다.

　그 날 점심, 난 밥을 먹다가 체하는 줄 알았다. 밥 먹는 내내 우리 둘 다 아무 말도 하지 않았다. 밥이 코로 들어가는지, 입으로 들어가는지 모를 정도로 무척 불편하고 불쾌했던 것만 기억난다. 그 일을 계기로 그 녀석과는 상종도 안 하겠다고 마음먹었다.

　훗날 다른 친구로부터 내가 전화를 빌려 쓴 녀석의 가정 형편이 좋지 않아서 돈 몇 푼에도 목 매달 수밖에 없다는 사정을 전해 들었다. 동기들은 이 사실을 알게 된 뒤로 '쪼잔한 녀석'이라며 더 이상 수군거리지 않았다. 그렇다고 해서 녀석을 받아 주지도 않았다. 친구는 가정 형편이 여의치 않아 그랬는지 모르지만 그보다도 세상을 바라보는 안목과 생각이 모자랐다.

나이가 어리다고, 또는 가난하다고 상대를 무시해서는 안 된다. 우리가 무시하고 멀리해야 할 사람은 마음이 가난한 사람이다. 마음이 가난하면 결코 가난에서 벗어날 수 없다.

설상가상으로 그런 사람은 주변 사람들에게 '가난'을 쉽게 전염시켜 당신이 속한 세계를 좁게 만든다. 당신을 자신과 같은 눈높이로 끌어내려 무너뜨린다. 다른 사람의 몫을 자신이 차지했다고 생각하지만 오히려 그것은 '득'이 아니라 '독'으로 작용한다.

내게 휴대폰을 빌려 줬던 친구는 돈 몇 푼 때문에 친구라는 소중한 자원을 잃고, 우정과 신뢰라는 자산을 잃었다. 천문학적인 비용을 들여도 이것들은 되찾을 수 없다는 걸 그때 그 친구는 알고 있었을까?

가난한 집안에서 태어날지, 부잣집에서 태어날지는 우리가 결정할 수는 없지만 후천적인 노력으로 마음이 부유한 부자는 될 수 있다.

마음이 부유한 사람들이 관대함, 겸손함, 선량함으로 세상을 바라보는 것과 달리, 마음이 가난한 사람들은 돈 몇 푼 더 벌려다가 더 많은 것을 잃고 만다. 이 세상에서 존재하는 귀한 것, 이를

테면 순수한 사랑, 고고한 인품, 베풀 줄 아는 아량과 마음의 부유함은 돈을 주고도 살 수 없다. 통 크게 사는 법을 배우지 못하면 더 많은 것을 잃게 된다.

친구들과 밥을 먹을 때면 내가 먼저 자리에서 일어나서 밥값을 계산하곤 한다. 대략 5년 전부터 그랬던 것이 이제는 완전히 습관이 된 것 같다. 당시 10여 명이 함께 빌린 집에서 살던 나는 줄곧 컵라면으로 끼니를 때우고 있었다. 한 친구가 그런 나를 향해 궁금한 듯 입을 열었다.

"집이 좀 사나 봐? 밥값 계산은 거의 다 네가 하는 것 같은데……."

"그런 건 아냐. 그냥 누가 밥값을 계산할지 눈치 보는 데 시간 버리는 게 아까워서 그래. 이 문제 말고 더 중요한 일 때문에 고민하고 시간을 들이는 쪽이 훨씬 마음 편해."

그렇다고 해서 내가 당하기만 하는 '호구'는 아니다. 똑같은 사람과 다섯 번 정도 식사할 일이 있었는데 그때마다 내가 밥값을 계산했다고 가정해 보자. 여섯 번째 만남에서 상대가 지갑을 꺼내는 시늉조차 하지 않았다면 다음부터 내가 밥값을 낼 일은 없다. 솔직히 말해서 없다가도 있고, 있다가도 없는 게 돈이다. 그 돈 때문에 안목을 기르지 못하거나 이상을 버려서는 안 된다. 마

음을 가난하게 해서도 안 되지만, 눈앞의 이익에 한눈을 팔아서
는 더더욱 안 된다.

우리 주변에는 별것도 아닌 문제를 꼬치꼬치 따지며 당신을
난처한 처지로 몰아넣는 사람들이 항상 있다. 손해 보는 걸 죽기
보다 싫어하는 성격 덕분에 당장은 큰 문제없이 살지는 모르겠
지만 큰일 할 수 있는 그릇은 결코 못 된다.

『부자 아빠, 가난한 아빠』에는 가난한 아빠와 부자 아빠의 훈
육 방법이 등장한다. 가난한 아빠는 나중에 커서 좋은 직장에 들
어가려면 열심히 공부해야 한다고 말한다. 하지만 부자 아빠는
다른 사람에게 좋은 일자리를 제공해 줄 수 있는 일을 하려면 열
심히 공부해야 한다고 가르친다. 전혀 다른 사고방식은 결국 손
에 쥐게 되는 수입 역시 크게 다르게 한다.

돈 몇 푼 아끼자고 10분 이상 실랑이하며 흥정하느니 그 시간
에 열심히 일하거나 책을 읽는 편이 훨씬 효과적이라고 생각해
본 적 있는가? 할인 쿠폰을 알아보려고 몇 시간씩 인터넷을 뒤지
느니 공개수업을 듣거나 영화를 보는 편이 더 낫지 않을까? 자투
리 시간을 허투루 쓰지 않고 자신을 위해 투자한다면 할인 제외
상품을 부담 없이 살 수 있을 정도로 경제력을 갖추게 되지는 않
을까? 눈앞에 떨어진 콩고물에 신경 쓰기보다는 장기적인 안목
에서 투자하는 편이 절대적으로 타산에 맞는 법이다.

사람에게 있어서 가장 소중한 것은 시간이고, 가장 귀한 것은 곧은 심성이다. 돈 몇 푼에 소중한 시간을 허비하고 자신의 양심을 버리는 것만큼 어리석은 것도 없다.

높이 나는 새가 멀리 보는 것처럼, 목표를 높이 잡아야 더 넓은 세상이 비로소 한눈에 들어온다.

내면이 약한 사람의 존재감

　방송국에서 일하는 친구의 부탁으로 〈공부합시다(원제 : 開講啦)〉라는 TV 프로그램을 녹화한 적이 있다. 개인적으로 TV를 좋아하지 않아 썩 내키지는 않았지만 차마 거절할 수 없어 '청년 대표'로 출연하게 됐다. 이 프로그램은 강연자의 강연이 끝나면 자신의 경험이나 주장에 대해 청년 대표와 대담하는 방식으로 진행됐다.

　녹화 당일, 프로그램 제작팀의 일부 스태프가 교체된 데다 강연자의 강의 내용이 썩 좋지 않아 녹화에 애를 먹고 있었다. 유명 사회자인 사베이닝(撒貝寧)은 녹화 내내 인상을 쓰고 있더니 결국 폭발하고 말았다. 현장에 있던 관중들의 시선도 의식하지 않고 고래고래 소리까지 지르며 화를 냈다. 시간을 보니 2차 녹화까지 1시간밖에 남지 않았는데 녹화는 절반도 채 완료되지 못한 상태였다. 영화를 찍어봤던 터라 매 장면을 찍는 데 얼마나 많은 정성이 들어가야 하는지 잘 알고 있다. 제아무리 철저하게 계획을 세워놔도 현장 상황이 예상을 빗나가기 일쑤라고 하지만 녹화가 이 정도로 지연되는 것은 무척 보기 드문 경우였다. 그때 청년 대표들의 질문 시간을 줄이겠다는 감독의 지시가 전달됐다. 감독이 이제야 문제의 심각성을 깨달은 것 같아 나도 모르게 안도의 한숨을 쉬었다.

이날 촬영이 감독의 첫 연출이라는 이야기를 나중에 듣고 나서야 현장의 혼란을 납득할 수 있었다. 일부 청년 대표의 발언이 편집되기는 해도 대담 시간을 줄이면 프로그램도 제 시간에 끝날 수 있었다. 나는 감독의 요구로 세 가지 중 한 가지 문제만 묻기로 했다. 양쪽에 있는 여성 방청객에게도 단도직입적으로 질문만 던져야 한다고 알려 줬다. 두 사람 모두 썩 내켜하지는 않았지만 어쩔 수 없다는 듯 고개를 흔들더니 질문판에 적혀 있던 질문들을 지웠다.

그런데 이런 준비와 노력이 무색하게도 첫 질문부터 꼬이기 시작했다. 첫 번째로 질문을 던진 남성 방청객은 너무 오랫동안 기다려서 지겨웠는지 말할 기회를 잡은 양 무려 5분에 걸쳐 자신을 소개했다. 그러더니 하나도 아닌 여러 개의 질문을 던지며 심지어는 강연자와 격렬하게 언쟁까지 벌이기 시작했다. 강연자가 난처한 표정을 짓자 사회자는 몇 번이나 대담을 중단시키려 했지만 그 방청객은 모르쇠로 일관하며 끝까지 자신의 발언을 이어 갔다.

이제 막 고등학교를 졸업했다는 여학생이 두 번째 청년 대표로 바통을 이어 받았다. 일분일초가 급한 마당에 여학생은 사회자와 난데없이 말장난을 벌이기 시작했다. 친구 중에 누가 사베이닝을 좋아한다, 유부남이 된 후거(胡歌)가 자신의 이상형이라는 둥……. 장난스러운 여학생의 반응에 방청객의 집중도가 눈에 띄게 떨어지기 시작했다. 녹화를 시작한 지 3시간이 넘으니 하품을 하거나 휴대폰을 만지작거리는 사람이 점점 늘기 시작했다. 여학생은 이런 상황에도 아랑곳없이 태연하게 사베이닝에게 질문을 던졌다.

"저도 사베이닝 씨처럼 훌륭한 사회자가 될 수 있을까요? 이 정도 외모와 실력이면 그렇게 나쁘지……."

여학생의 태도에 나도 모르게 짜증이 끓어올랐다. 다행히 사베이닝이 강연자에게 바통을 넘기면서 이번 상황은 무사히 넘어갔다.

하지만 그 후로도 여러 명의 청년 대표는 분위기를 파악하지 못하고 저마다 하고 싶은 말을 마구잡이로 쏟아 냈다. 그렇게 주지를 시켰건만, 어느 누구도 다음 녹화 일정이 있다는 것을 알지 못하는 것 같았다. 오랫동안 가만히 앉아서 아무것도 하지 않는 방청객들이 지칠 대로 지쳐 있다는 사실에 그 누구도 관심이 없었다.

드디어 내가 질문할 차례가 왔다. 나는 상황에 맞게 자리에서 일어나 질문하고 다시 자리에 앉기까지 20초 정도 걸려 질문을 끝냈다.

드디어 녹화가 끝났다. 정해진 녹화 시간을 제대로 지키지는 못했지만 그렇게까지 심각하지는 않은 듯했다. 녹화가 끝난 뒤 휴게실로 돌아왔을 때, 아까 봤던 여학생이 휴대폰을 붙잡고 친구와 '폭풍수다'를 떨고 있었다.

"네가 열혈 팬이라고 사베이닝한테 내가 말했다, 깔깔깔! 그랬더니 얼굴이 빨갛게 달아오르더라. 완전 귀여워! 나 좀 멋지지 않니?"

그 모습에 나도 모르게 고개를 내저었다.

'그래, 네 말대로 멋지기는 한데 너 때문에 다른 사람이 피해를 보고 말았단다. 프로그램 녹화도 늦어지고……. 그렇게까지 해서라도 네 존재감을 드러내고 싶었던 거야? 그게 뭐 그리 대단하다고…….'

본인은 여러 사람 앞에서 자신감 있고 여학생 특유의 재기발

랄함을 뽐냈다고 생각했는지 모르겠지만 결과적으로는 전체적인 흐름을 읽지 못하고 제 발밑만 들여다보는 미성숙한 수준을 보여 준 셈이다.

녹화장을 떠날 때도 몇몇 청년 대표들이 카메라에 누가 더 많이 잡혔는지, 누가 더 오랫동안 발표했는지를 놓고 자랑스럽게 떠들어 대고 있었다. 급한 일이 있어서 녹화장을 먼저 나서는 순간 누군가가 고래고래 소리쳤다.

"젊은 사람들이 무슨 말이 그렇게 많아? 나 고혈압으로 쓰러지기 전에 제발 좀 앉아!"

그 소리를 시작으로 사방에서 불만의 목소리가 쏟아졌다.

우리는 누구나 저마다의 존재감이 있다. 친구나 동료들 사이에서 존재감을 뽐낼 때면 저절로 어깨가 으쓱해지겠지만 그로 인해 다른 사람에게 상처를 주거나 피해를 줘서는 안 된다. 이는 오히려 자신의 존재감을 무너뜨리는 어리석은 행동이다.

회의 때마다 일장연설을 늘어놓는 상사를 한 번쯤은 봤을 것이다. 끝날 듯 끝나지 않는 그들의 이야기를 가만히 들어보면 몇마디 말로도 알아들을 만큼 아주 간단하다. 하지만 주변의 반응에 상관없이 몇 시간씩 떠들어 댄 뒤 마치 엄청난 임무를 완수한듯 흡족한 표정을 짓는다.

어느 회사의 사장이 비서에게 담화 내용이 적힌 원고를 건네며 필요 없는 내용을 모두 빼라고 지시했다. 나중에 비서에게서 원고를 건네받은 사장은 자신의 눈을 의심했다. "회식은 2층에서!"라고 딱 한 줄만 적혀 있었기 때문이다. 이 얘기는 한때 직장인들 사이에서 유행했던 얘기로, 한편으로는 '말'로써 자신의 존재감을 드러내는 직장 상사가 우리 주변에는 많다는 뜻이기도 하다. 특히 새로 부임한 상사라면 자신의 권위를 보여 주기 위해 더 열심히 말하는 데 시간을 들일 것이다.

말하는 시간과 정확한 의사 전달과는 사실 크게 관계가 없다. 장황하게 무의미한 말로 자신의 존재감을 드러내려는 것은 오히려 자신의 무지함, 열등감을 대놓고 드러낼 뿐이다.

자기 의견을 왜 간단하게 표현하지 못하는가?

자기 의견만 내세우고 왜 다른 사람과 소통하지 못하는가?

왜 전체적인 흐름을 읽지 못하는가?

무대 아래에 있는 사람들의 시간을 왜 허비하는가?

몇 년 전에 신둥팡의 창립자인 위민훙(兪敏洪)이 우한(武漢)에서 강연한다는 소식이 전해졌다. 이 소식에 수많은 인파가 강연회가 열리는 광구(光谷) 체육관에 집결했다. 1만 명이나 되는 학생들은 무더운 날씨에도 아침 일찍부터 나와 강연을 기다리고 있었다. 하지만 강연 시간이 지나도록 위민홍은 나타나지 않았다. 가뜩이나 날씨도 더운데 기약 없이 기다리기만 해야 했던 관중들도 서서히 지쳐가기 시작했다. 그때, 이제 곧 강연을 시작한다는 사회자의 말에 관중석이 술렁거렸다. 그런데 무대에 모습을 드러낸 것은 위민홍이 아닌 체육부 고위 관계자였다. '박수부대'가 되려고 무더운 날씨에 여기까지 온 줄 아냐며 일부 관객들이 불만을 드러냈다.

무대 위에 오른 관계자는 주변을 천천히 돌아보더니 준비한 원고를 주머니에 넣은 뒤 입을 열었다.

"제 강연이 아니라 위 선생님의 말씀을 들으러 오셨다고 알고 있습니다. 그러니 지금 바로 위 선생님을 모시도록 하죠. 뜨거운 박수로 맞이해 주십시오!"

꽤 오랜 시간이 지났지만 위민홍의 강연 내용보다는 무대 위에서 자신감 넘치고 재치 있는 모습을 보여 줬던 그 관계자의 모습이 오히려 더 생생하다.

진정한 존재감은 강한 자신감에서 비롯된다. 내면이 강한 사람은 자신의 존재감을 드러내는 데 연연해하지 않는다. 자신의 존재 자체가 자신이 열심히 살고 있다는 의미라는 것을 잘 알고 있기 때문이다.

그렇지만 그들도 사람인지라 때로는 외로울 때도 있고 여의치 않은 일로 의기소침할 때도 있다. 그렇다고 해서 엉뚱한 짓을 벌이며 재미를 찾거나 풀이 죽은 채로 방황하지 않는다. 평소 독서나 운동을 통해 심신을 다스리며 정신력을 기른다. 자신이 무엇을 해야 하는지, 자신의 의사를 어떻게 표현해야 하는지 정확히 알고 있기 때문이다. 하늘 높은 줄 모르고 잘난 척하느니 현명하게 조용한 구석에서 자신의 존재를 되돌아보고 앞으로 나아갈 길을 모색한다.

경험이 많은 사람일수록 표현에 소극적이고, 열심히 공부한 사람일수록 자신의 무지함을 잘 아는 법이다.

내면이 약한 사람은 내세울 것이 없어 오로지 자신의 존재감을 드러내는 데만 집착한다. 하지만 내면이 강한 사람은 조용히 침묵을 지킨다.

열심히 공부해서 내공을 쌓고, 다양한 경험을 통해 정신력을 키우다 보면 존재감 따위 드러내지 않아도 사람들이 저절로 그 존재를 알아준다.

용서하되 기억하라

내게는 올해 95세가 되는 할아버지가 있다. 고령임에도 큰 지병 없이 언제나 정정한 모습인 할아버지는 황포군교(黃埔軍校) 2기 출신으로, 국민당과 함께 쑹후(淞滬)전투에서 일본군을 상대로 치열한 전투를 벌였다. 그 전투에서 할아버지는 목에 날아온 탄피 조각에 부상을 입으셨다. 위치가 애매해서 차마 빼지 못하고 지금껏 몸에 총알이 박힌 채로 살아오셨다. 날씨가 쌀쌀해지거나 습해지면 상처 주변이 무척 쑤신다고 하셨다. 그렇게 할아버지는 몸 안에 박힌 총알과 함께 반평생을 사셨다.

그해, 할아버지는 일본군에게 맞서 싸울 때 사용한 칼 한 자루를 들고 상하이에서 우한(武韓)으로 거점을 옮겼다. 나가사키와 히로시마에 원자폭탄이 떨어지면서 일본이 항복했다. 승전의 기뿜도 잠시 중국 대륙은 내전의 위기에 휩싸이고 말았다. 부패한 데다 기강마저 무너져 내린 국민당에 염증을 느낀 할아버지는 부대원을 이끌고 공산당에 투항했다. 이후 국공내전에서 패한 국민당이 타이완으로 후퇴하면서 공산당이 중국 대륙을 손에 넣었다. 공산당에 가입한 할아버지는 아무런 걱정 없이 행복한 노후를 보낼 수 있을 것이라고 생각했다.

하지만 문화대혁명이 발발하면서 상황은 급변하기 시작했다. 지주 출신인 데다가 국민당에 몸담았던 이유로 할아버지는 많은 사람들로부터 손가락질을 받았다. 어린 홍위병(紅衛兵)은 할아버지의 머리를 두 손으로 우악스럽게 움켜쥐더니 대로변으로 질질 끌고 나왔다. 자신에게 매국노라며 욕설을 퍼붓는 홍위병에게 할아버지는, 자신은 일본 놈들한테 맞서서 싸웠던 항일군이라고 외쳤다. 하지만 홍위병은 할아버지에게 달려들어 억지로 입을 틀어막은 뒤 이리저리 끌고 다니며 시시덕거렸다. 기진맥진한 모습으로 집에 돌아온 할아버지를 보며 할머니는 차마 말을 잇지 못하고 속으로 울음을 삼킨 채 데운 밥을 방 안으로 들여보냈다.

할아버지는 아들 넷을 거느렸는데, 우리 아버지는 그중 막내다. 큰아버지 몇 분이 그때 홍위병이었는데, 할아버지가 험한 꼴을 당했다는 이야기를 듣고서 패거리를 몰고 나타나 다른 홍위병들과 시비가 붙었다. 큰아버지 쪽 패거리가 수도 많고 덩치도 큰 편이라 그 후로 누구도 할아버지에게 함부로 손을 대지 못했다. 나중에 할아버지는 그 시절 이야기를 종종 들려주셨다.

"그때는 잊기 어려운 시대였지. 이 나이 되도록 잊을 수 없구나."

"그 사람들이 밉지 않으세요?"

"미워하면 뭐 하겠니? 그 사람들도 비극적인 시대의 산물인데……. 어느 시대나 그런 사람들이 있기 마련이란다. 요새는 인터넷으로 다른 사람을 비난하고 조롱하는 사람들이 있다던데, 그 사람들이 과거의 홍위병과 다를 게 없는 것 같더구나. 미워하지 않지만 그저 그 일을 잊지 않고 기억하고 있으면 그뿐이다."

그 일이 있은 후 며칠 뒤, 집으로 가는 길에 우연히 사과를 파는 노인을 봤다. 60세가 넘은 듯한 반백의 노인이었는데, 아버지로부터 그 사람이 옛날에 할아버지를 괴롭혔던 홍위병이라는 이야기를 들었다. 그 말에 어찌나 화가 나던지 나도 모르게 그곳을 다시 찾아갔다. 차에서 내려 사과를 산 나는 욕이라도 퍼붓고 올 생각이었지만 아버지가 그만두라고 하셨다.

"저 사람도 자신의 과오에 맞는 벌을 받았으니 너까지 나설 것 없다. 게다가 할아버지가 괜찮다고 하셨다면서? 너도 나이가 들면 무슨 말인지 알게 될 거야. 안 좋았던 시절을 기억해 봤자 뭐

하겠니? 그러니 그만둬."

그날 나는 할아버지를 찾아가서 사과 파는 노인에 대한 이야
기를 들려줬다. 내 이야기를 할아버지는 굳게 입을 다문 채 들으
시더니 보고 계시던 신문을 접어 들고 방 안으로 들어가셨다. 아
무래도 화가 나신 게 분명했다. 과거의 안 좋은 기억이 떠올라서
그러신 건가 고개를 갸웃거리는데, 할아버지가 다시 방에서 나
오시더니 평소처럼 차를 마시기 시작하셨다.

"할아버지, 그 사람들이 미우신가요?"

"아니, 밉지 않다. 그저 기억하는 것만으로도 충분해."

"왜 밉지 않으신 거죠? 할아버지를 괴롭혔잖아요."

"사람은 역사를 기억하면 될 뿐, 사람을 미워하고 원망할 필요
없다. 평생 몸을 낮춰야 했던 덩샤오핑(鄧小平)이나 죽을 때 묘
비에 이름조차 새기지 못한 류사오치(劉少奇)에 비하면 우리는
고생한 것도 아니야. 그런데도 그 사람들은 역사를 기억할 뿐, 사
람은 미워하지 않았단다. 그저 그들처럼 잊지 않고 기억하기만
해도 괜찮다."

말을 마친 할아버지는 방금 전에 접어 둔 신문을 펼쳐서 다시
읽기 시작하셨다. 할아버지는 내가 여태껏 본 사람 중에서 마음
도 가장 넓고 건강하게 장수하신 분이다. 오래 산 사람이 승자라
고 한다면, 누구를 원망하지도 않고 항상 감사한 마음으로 사셨

던 우리 할아버지가 최고의 승자다.

대부분의 사람들이 할아버지와 같은 넓은 아량을 지니지 못했지만 자신을 괴롭혔던 사람에게 복수의 칼날을 휘두르지 않는 것만으로도 성숙한 인격의 소유자라고 할 수 있다.

상대방이 한 일을 기억하는 것만으로도 충분하다. 상대에게 복수할 것인지 아닌지는 나의 선택이다. 그런 내게 누구도 과거를 잊으라고 말할 권리는 없다. 과거를 잊는 것이야말로 과거에 대한 배신이고, 상처를 잊는 것은 날 상처 입히는 것이다.

그런 점에서 영화 〈필로메나의 기적(Philomena)〉은 내게 큰 깨달음을 선사했다. 실화를 바탕으로 한 영화의 줄거리는 대강 이렇다.

젊은 수녀 필로메나는 한 남자와 사랑에 빠져 그의 아이를 낳는다. 그 당시 수녀는 부득이하게 아이를 낳은 경우 아이를 수녀원 밖으로 보내 남의 손에서 자라도록 해야 했다. 아들을 지키기 위해 필로메나는 최선을 다했지만 끝내 다른 수녀의 고발로 아들을 떠나보내야 했다. 이 일은 그녀의 삶에서 가장 아픈 상처로 기억된다.

그로부터 수십 년이 지난 후, 필로메나는 우연히 신문에서 떠나보내야 했던 아들에 대한 기사를 접하게 된다. 수소문 끝에 아들이 산다는 집을 찾아가지만 그곳에서 그는 이미 죽었다는 청천벽력과 같은 이야기를 듣는다. 태어났을 때 외에는 단 한 번도 보지 못한 아들, 그리고 앞으로 다시는 볼 수 없게 된 아들을 떠올리며 필로메나는 슬픔에 괴로워한다.

그녀와 동행한 변호사가 발견한 비디오테이프를 틀자, 그 안에는 생전 아들의 모습이 담겨 있었다. 알고 보니 아들 역시 생모를 찾고 있었던 것! 하지만 아들이 찾아간 늙은 수녀는 생모가 일부러 버린 것이라며 다시는 자신을 찾아오지 말라고 한다. 그 말에 아들은 생모를 찾겠다는 희망의 끈을 놓아버린다. 아들에게 모진 말을 한 수녀는 그 옛날, 필로메나가 아이를 몰래 기르고 있다고 고발한 사람이었다.

늙은 수녀를 찾아간 필로메나와 그의 변호사, 변호사는 분노를 이기지 못하고 수녀에게 폭력을 휘두르려고 하자 필로메나가 뜨거운 눈물을 흘리며 그를 말린다. 늙은 수녀를 향해 필로메나는 이를 악문 채 용서하겠다고 말을 남기고 그 자리를 떠난다.

영화는 복수심을 잊고 기독교적 박애정신을 보여 주는 것으로 끝을 맺지만, 카메라가 담지 못한 실화 속 이야기는 이렇게 이어진다.

늙은 수녀는 자신의 잘못을 서서히 깨닫고 필로메나에게 사죄의 편지를 보내지만 그녀는 뜯어보지도 않고 곧장 쓰레기통으로 던져 버렸다.

"그 사람을 다시는 보고 싶지 않아요. 그 사람과 관련된 그 어떤 것도……."

이 이야기를 알게 된 일부 사람들이 필로메나의 행동을 옹졸하다고 비난했다. 늙은 수녀와 손을 잡고 화해해야 진정한 해피 엔딩이라는 것이다.

당사자가 아닌 이상 누구도 잘잘못을 따질 자격이 없다. 늙은 수녀에게 복수하지 않은 것만으로도 필로메나는 최대한의 관용과 용서를 베푼 셈이다. 자신에게 큰 상처를 입힌 상대에게 당한 만큼 돌려주겠다고 덤벼들지 않은 것만으로도 충분히 존경할 만하다. 복수한들 또 무엇 하랴?

어릴 때부터 스스로 공부했던 나는 성적이 줄곧 좋은 편에 속했는데, 그중에서도 영어를 가장 잘했다. 사관학교에서는 영어를 잘하는 사람이 거의 없는 편이다. 아무래도 학교 졸업 후 대민(對民) 활동이 많다 보니 영어를 배워봤자 딱히 쓸데가 없었기 때문이었다.

당시 우리에게 영어를 가르쳐 주시는 선생님이 한 분 계셨는데, 예전에 아프리카를 다녀오셨다는 이야기를 들었다. 오랫동안 똑같은 내용만 가르쳤기 때문인지 영어 실력이 그다지 좋지 않았는데, 그중에서도 발음은 정말 못 들어줄 정도로 형편없었다.

선생님이 가르치시는 내용을 이미 다 알고 있었지만 나름 존중의 뜻으로 아무 말도 하지 않고 조용히 뒷줄에 앉아 있었다. 멍하니 있기도 그렇고 시간을 허투루 보낼 수 없다는 생각에 몰래 영어 원서를 펼쳐 보기도 했다.

그동안 많은 학생들을 가르치셨던 선생님은 학생들에게 수업시간 동안 자신에게서 눈을 떼지 말라고 누누이 말씀하셨다. 나처럼 수업시간에 원서를 보는 학생이 없었던 건지, 선생님은 날 눈엣가시처럼 생각했던 것 같다. 대수롭지 않은 이유로 수업시간에 나만 콕 찍어서 혼내는 일이 점점 늘기 시작하더니, 내가 선생님을 무시했다며 모든 사람이 보는 앞에서 심한 말로 훈계하거나 심지어 체벌을 가하기도 했다.

그 당시 나는 겨우 열여덟 살에 불과했던 터라 내가 뭘 잘못했는지 알지 못했다. 나중에는 수업시간에 원서도 읽지 않고 수업을 들으려고 노력했지만 수준 이하의 수업에 나도 모르게 졸기 일쑤였다. 선생님한테 그 모습을 들키기라도 하면 교실 맨 뒤로 나가서 무릎을 꿇은 채 수업을 들어야 했다. 그때의 일을 글로 옮기려니 나도 모르게 주먹에 힘이 들어간다. 꽤 오랜 시간이 지났는데도 여전히 내게는 아픈 상처였나 보다.

훗날 사관학교를 떠나 영어강사로 일하면서 많은 사람들을 사귀게 됐다. 그러던 어느 날, 다른 곳에서 일하는 친한 강사한테서 전화 한 통을 받았다.

"우리 회사에 영어강사가 지원했는데, 혹시 아는 사람이야? 네가 다녔던 군사학교에서 영어를 가르쳤다던데……."

그 순간 난 내 귀를 의심했다.

"누구?"

"여기서 일하고 싶다면서 이력서를 제출했는데 자세히 보니 네가 다녔다던 학교 출신이더라고. 사람 어때? 괜찮은 사람이면 뽑아볼까 하는데……."

잊은 줄 알았던 수많은 기억이 물밀듯 밀려오기기 시작했다. 그동안 쌓여 있던 분노가 한순간에 폭발하면서 눈앞이 새빨개지더니 당장이라도 욕설이 입 밖으로 튀어나갈 것 같았다. 하지만 가쁜 숨을 애써 진정시키며 난 목을 가다듬고 천천히 말했다.

"난 모르는 사람이야."

경직된 내 목소리에 뭔가 이상한 낌새를 느꼈는지 자세한 사정을 캐묻기 시작했다. 어쩔 수 없이 그 강사에게 과거의 사건을 털어놓자 내 대신 역정을 냈다.

"그런 사람은 가만히 두면 안 돼, 죗값을 치르게 해야지! 그 사람에게 네 이름을 가르쳐 줘야겠어. 자신이 가르쳤던 학생이 이제는 자기보다 더 높은 자리에 올랐다는 걸 알면 자존심이 상할 거야."

하지만 난 친구에게 그러지 말라고 했다. 내가 착해서가 아니라 그저 그 사람 때문에 내 시간을 허비하고 신경을 쓰는 것 자체가 싫었기 때문이다. 게다가 이미 지나간 일을 지금 와서 돌이켜 무엇 하랴?

영화 〈아메리칸 히스토리 X(American History X)〉에 이런 대사가 등장한다.

> 분노는 쓸데없다. 길지도 않은 짧은 삶에서 다른 사람에게 분노할 가치도 없다(Hate is Baggage. Life is too Short to be Pissed Off All The Time. It's Just Not Worth It.)

우리에게는 아직 하지 않은 더욱 의미 있고, 더욱 중요한 일이 여전히 많이 남아 있다. 그러니 한때 당신에게 상처를 줬던 사람 때문에 자신의 시간과 감정을 허비하지 마라. 그들은 당신이 신경을 쓸 가치도 없는 사람이다.

어쩌면 누군가는 그런 내게 성인군자 났다고 비아냥거릴지도 모르겠다.

"아량이 그렇게 넓은데 친구한테 뽑아주라고 한마디 하지 그랬어요? 그 사람도 참 운이 좋네. 당신처럼 이렇게 착한 사람을 제자로 됐으니. 사제지간에 감격의 포옹이라도 하는 게 어때요?"

중국의 유명한 샹성(相聲, 중국식 전통 만담─역주) 배우인 궈더강(郭德綱)은 언론사와의 인터뷰 도중에 자신을 배신했던 제자들에 대한 이야기를 나누게 됐다.

"최근에 불미스러운 일이 있었는데 평생 잊지 못하실 것 같네요."

"그 일은 죽어도 잊지 못할 것 같습니다. 안 그러면 너무 억울할 것 같네요. 복수할 생각은 없지만 그렇다고 해서 잊지도 않을 겁니다. 어쩌면 저더러 소심하다고 그럴지도 모르겠습니다만 그렇다고 잊을 수는 없습니다."

나 역시 그의 생각에 동의한다. 내게 있어서 학창 시절, 날 괴롭혔던 선생님에 대해 아무런 말도 하지 않은 것은 내가 베풀 수 있는 최대한의 아량과 용서였다.

알고 보면 곳곳에 숨어 있는
리틀빅 히어로

일본 전국시대, 군웅이 할거하는 혼란의 시간은 시공에 상관 없이 지금과 놀라울 만치 닮아 있다. "형세는 합해진 지 오래면 반드시 흩어지고, 나누어진 지 오래면 다시 합쳐진다(天下大勢, 分久必合, 合久必分)."

누가 최후에 웃을 것인가, 누가 사람들로부터 손가락질을 당 할 것인가? 누가 영웅으로 불릴지, 또 누가 간웅으로 불릴지 그 누구도 알 수 없다. 왜냐면 영웅이라는 것은 매우 복잡다단한 존 재이기 때문이다.

오다 노부나가(織田信長)는 혼란한 전국시대에 혁혁한 공로 를 세운 무장이지만 동시에 유명한 폭군이기도 하다. 경쟁자를 일일이 물리치며 쿄토(京都)에 입성한 그는 이미 일인지하 만인 지상의 자리에 올라 일본 통일을 코앞에 두고 있었다. 쿄토 혼노지(本能寺)에 입성하는 자신을 향해 백성들이 환호하자 오다 노부나가를 비롯해 그의 무장들은 무척 흡족해하며 거나하게 술을 마신 뒤 모두 쓰러져 잠이 들었다.

그날 밤, 오다 노부나가의 가신인 아케치 미츠히데(明智光秀)는 도요토미 히데요시(豊臣秀吉)를 지원하기 위해 1만 3천 명의 대군을 이끌고 떠나는 척하다가 한밤중에 몰래 돌아와 오다 노부나가가 머물고 있던 혼노지에 불을 질렀다. 100여 명의 병력을 거느리고 오다 노부나가는 죽기 살기로 맞섰지만 패색이 짙어지자 끝내 할복자살을 하고 만다.

죽기 전에 그는 누가 자신을 배반했느냐고 물었다. 대장인 아케치 미츠히데의 짓이라는 이야기에 오다 노부나가는 무표정한 얼굴로 조용히 입을 열었다.

"그자의 짓이라면 어쩔 수 없지."

그는 말을 마친 뒤 커다란 칼을 배에 박아 넣었다.

예전에 일본 여행 갔다가 현지 친구들을 여럿 사귀게 됐는데, 오다 노부나가의 최후에 대한 이야기를 나누다 보면 한 가지 공통점을 발견할 수 있었다. 그들은 이구동성으로 아케치 미츠히데가 무사도를 위반했다고 맹비난하며 인간으로서의 기본적인 소양도 없다고 지적했다. 하지만 역사책을 살펴보면 그만한 데는 분명 그럴 만한 이유가 있다는 것을 깨달을 수 있다. 비합리적으로 보이는 결과는 수많은 합리적인 이유가 쌓이고 쌓여서 생겨나게 되는 법이다.

자신의 가신들에게 항상 오만한 자세로 군림한 오다 노부나가, 자신이 아끼는 명장 도요토미 히데요시조차 원숭이라고 부르며 비하하곤 했다. 이에 반해 도요토미 히데요시는 여태 그래 왔던 것처럼 몸을 바짝 낮춘 채 그저 웃어넘기고 말았다. 하지만 아케치 미츠히데는 도저히 화를 참을 수 없었다. 어릴 때부터 문무를 겸비한 자신은 전술 운용, 실전 전투는 물론 시, 서, 화에 남다른 재능을 보이며 실력을 인정받았다. 마흔 살 때 오다 노부나가에게 몸을 의탁한 이래 중용받았지만 여러 차례 공개적인 장소에서 망신을 당하는 일이 반복되자 끝내 분노를 숨기지 못했다.

연회에 참석한 아케치 미츠히데, 술잔을 연거푸 일곱 잔 들이킨 탓에 당장이라도 게워낼 듯 괴로운 표정을 짓고 있었다. 얼굴이 시뻘겋게 달아오른 그의 모습에 오다 노부나가는 흥을 깨지 말라며 계속 술을 마시라고 했다. 아케치 미츠히데가 더 이상은 못 마시겠다며 손사래를 치자 화가 난 오다 노부나가가 그 자리에서 칼을 뽑아 들었다.

"술을 마시겠느냐, 아니면 칼 맛을 보겠느냐!"

아케치 미츠히데가 어쩔 수 없다는 듯 술을 마시자 오다 노부나가는 박장대소했다.

"죽는 게 무서운가? 다음에도 이렇게 손봐주면 되겠구나!"

일본의 무사도 정신에서 죽음을 두려워하는 것보다 더 치욕적인 것은 없다. 오다 노부나가가 이 사실을 모를 리 없었다. 그럼에도 여러 사람이 있는 공개적인 자리에서 아케치 미츠히데를 모욕한 것은 상대의 체면을 깎아내려 자신의 권위를 높이려는 어리석은 오만함 때문이었다.

오다 노부나가는 자신의 잘못을 깨닫지 못하고 계속해서 아케치 미츠히데를 깎아내리기에 바빴다. 전투에서 큰 승리를 거둔 오다 노부나가는 승리를 축하하는 연회를 열고 자화자찬하기 시작했다. 목숨을 걸고 싸운 장수들의 공로 따위는 안중에도 없는 오다 노부나가의 모습에 아케치 미츠히데는 장수들도 혁혁한 공을 세웠노라 치켜세웠다. 그 말에 화가 난 오다 노부나가가 아케치 미츠히데의 머리를 붙잡더니 난간에 그대로 박아버렸다.

그 후로도 아케치 미츠히데의 머리는 성할 날이 없었다. 술에 잔뜩 취한 오다 노부나가는 아케치 미츠히데의 머리를 가랑이 사이에 끼더니 북처럼 두드려 대기도 했다.

자신이 아무리 심한 장난을 치거나 대놓고 조롱해도 아무도 반항하지 못하자 오다 노부나가는 더욱 기고만장하게 행동하며 부하들을 함부로 대했다. 자신을 향한 복수의 칼날은 짐작도 하지 못한 채……

어쩌면 누군가는 아케치 미츠히데가 멀리 내다볼 수 있는 안목을 지니지 못한 탓에 반란을 일으켰다고 말할지도 모르겠다. 아니면 그릇이 작아서 자신이 보필하던 주군을 배신했다고 비난할 수도 있겠다. 그러나 계속되는 조롱과 비난에 아케치 미츠히데는 끝내 폭발했다.

여기서 한 가지 궁금한 문제가 있다. 오다 노부나가는 전쟁에서 승리하면 왜 항상 부하들을 모욕했던 것일까? 그 이유에 대해서 역사서는 이렇게 이야기한다.

어렸을 때부터 오다 노부나가는 아무런 걱정 없이 자란 탓에 다른 사람의 입장에서 문제를 바라볼 줄 모른다. 지나치게 오만한 탓에 자신의 정도를 지키지 못하다가 끝내 '선'을 넘고 말았다.

모든 사람은 똑같다. 아무것도 없는 빈털터리일 때는 누가 뭐라고 하지 않아도 저절로 머리가 숙여지며 위축되기 쉽다. 그래서 갑작스레 성공했거나 부자가 된 사람들이 가장 위험하다는 것이다. 자신의 정도를 모르고 날뛰다가 험한 꼴을 당하기 십상이기 때문이다.

사람이 높은 자리에 있다 보면 자신도 모르게 허풍을 늘어놓거나 의도와 다르게 곡해되기도 한다. 하늘 높은 줄 모르고 날뛰다 보면 점점 '땅'에서 멀어지기 마련이다. 그럴수록 다른 사람에게 상처를 주지 않도록 스스로 입단속하고 자신을 낮춰야 한다.

역사는 놀랍도록 항상 현재와 닮아 있다. 우리 주변에는 오다 노부나가와 같은 사람들이 생각보다 많다. 잘나갈 때면 다시는 주워 담을 수도 없는 말을 내뱉거나 아무것도 없던 시절에 자신의 곁을 지켜 준 사람들을 깡그리 잊어버리기도 한다. 이와 반대로 성공했어도 자세를 낮추고 주변 사람들과 여전히 잘 어울리는 사람도 있다. 그런 사람이라면 남보다 더 큰 성공을 거둘 것이라고 확신한다.

이렇게 생각하는 데는 다음과 같은 분명한 이유가 있다.

즈원(子文), 즈하오(子豪)를 만났을 당시 두 사람은 수많은 팔로워를 보유한 블로거였다. 같은 출판사에 소속된 저자들이라 종종 만날 기회가 있었다. 신간이 나오기 하루 전, 즈하오에게 즈원과 함께 추천의 글을 블로그에 써 줄 수 있는지 물었다. 예전에 몇 번 만난 적이 있던 사이라 실례를 무릅쓰고 도움을 요청했는데 즈하오로부터 예상 밖의 대답이 돌아왔다.

"그동안 출간하셨던 책 좀 살펴보고 즈하오와 이야기해 보겠습니다. 결과 나오는 대로 알려드릴게요."

잘나가는 블로거니 도와주면 고맙고, 도와주지 않아도 원망할 처지도 아니었기에 나는 그저 고개를 끄떡였다.

그날 저녁, 즈하오에게서 메시지가 왔다.

"저희가 블로그에 추천의 글을 올려드릴게요. 그동안 출간하셨던 책을 몇 권 읽어봤는데 내용이 좋더라고요."

그 후에도 나는 즈하오에게 출판기념회에 참석해 줄 수 있는지 물었다. 참석하는 데 필요한 경비나 대우를 묻자, 즈하오는 신경 쓰지 말라고 했다.

"그런 건 말씀하실 필요 없어요. 기념회 장소나 알려 주세요, 제가 알아서 찾아갈게요. 형님 신간이 나온다는데 제가 당연히 가야죠!"

약속대로 출판기념회에 나타난 즈하오, 매니저를 대동하지 않고 편집자 두 명과 함께 날 찾아왔다. 바쁜 시간을 쪼개서 찾아와 준 것도 모자라, 주인공인 날 위해서 평소보다 차분한 모습으로 나타난 즈하오에게 무척 감동했다.

나중에서야 즈원, 즈하오가 업계에서 꽤나 유명한 사람들이라는 걸 알게 됐다. 자신의 유명세에도 두 사람은 상대의 신분고하를 막론하고 항상 배우는 자세로 겸손함을 잃지 않았다. 상대를 배려하고 자신을 낮출 줄 아는 지혜와 용기가 그들을 더 높은 자리로 이끌 것이다.

우연한 기회에 TV에 자주 등장하는 유명 인사와 함께 식사할 기회가 생겼다. 신간 마케팅의 홍보를 맡아줄 유명 인사와 안면도 트고 친목도 다질 겸해서 관계자들 중심으로 만들어진 자리였다. 식사 자리인 만큼 참석자끼리 스스럼없이 어울리기 마련인데, 그 자리는 무척 거북했던 것으로 기억한다. 유명 인사는 매니저를 비롯해 자신을 도와주는 스태프 여러 명과 우르르 등장하더니 손가락 하나로 사람을 부리거나 주변의 시선 따위는 안중에 없이 신경질을 부리기도 했다. 심지어 일에 대한 이야기가 나오기도 전에 자신에게 얼마 줄 것이냐며 대놓고 묻기도 했다.

빛나는 사람일수록 자신의 부족함을 알기에 낮은 자리를 찾고 상대를 배려할 줄 안다. 겸손하게 행동할 줄 아는 용기와 선함이 그를 더욱 빛나게 할 것이다.

자신의 성공을 다른 사람에게 알리고 싶은 것은 인간의 본능이다. 수많은 뉴스와 이슈가 날마다 쏟아지는 시대에 자신을 홍보하지 않으면 그 누구도 당신의 성과를 알지 못한다. 그렇다고 해도 정도를 넘거나 다른 사람에게 피해를 줘선 안 된다. 특히 직장에서는 더 중요하다.

친구 B는 또 다른 친구 K와 함께 같은 회사에 입사했다. 뭐든 열심히 해 보겠다는 열정과 패기만 가진 가난한 B는 입사하자마자 빠르게 실적을 쌓으며 실력을 인정받았다. 거기에 융통성 있는 일처리와 원만한 대인관계 덕분에 프로젝트 매니저로 승승장구했다. 그에 반해 K는 실력이나 운이 따르지 않아 번번이 승진 기회를 놓치고 말았다.

친구 사이인 데다 입사 동기인 B와 K, 하지만 입사 후에는 상사와 부하 관계로 변하고 말았다. 제아무리 강한 정신력의 소유자라고 해도 이런 상황이 벌어진다면 하루하루 사는 게 무척 고역이었을 것이다.

다행히 B는 어깨에 힘주며 누군가를 깔보지 않고 주변 사람들과 자연스럽게 어울리는 쪽을 선택했다. 특히 입사 동기인 K를 대할 때는 티 나지 않으면서도 상대에게 상처를 주지 않으려 노력했다. 상사로서 K에게 일방적으로 명령을 내리는 것이 아니라 함께 의논하거나 의견을 묻는 식으로 접근했다. 근무할 때는 서로의 선을 지키는 범위에서 업무에 관한 이야기만 하다가도, 퇴근 후에는 맥주 한잔 마시자는 B의 소탈한 태도에 K 역시 순순히 따르곤 했다.

그로부터 1년 후, 퇴사 후 자신만의 사업을 하겠다는 B. 그리고 K 역시 회사를 그만두고 친구를 돕기로 했다. 지금보다 월급이 적었지만 그동안 자신이 봐 온 B라면 무조건 믿을 수 있다며 망설임 없이 사표를 던졌다. K의 용기에 감탄하면서도 선뜻 이해 가지 않는 문제가 하나 있었다.

"대체 왜 B를 따라나선 거야? 같은 대학 동기이자 입사 동기였지만 사실 너흰 오랫동안 상사와 부하로 지냈잖아. 불편하지 않아?"

"B는 승진가도를 달리면서도 단 한 번 날 업신여긴 적 없었거든. 자신이 상사라고 내게 머리 숙이라고 명령하기는커녕 오히려 내 기분을 맞춰 주려고 노력했지. 만약 내가 B였다면 난 그렇게는 못 했을 거야. 그리고 무엇보다도 그 녀석과 함께 일하는 게 재미있어. 날 존중해 주니까. 그래서 끝까지 함께하기로 마음먹었지."

K의 이야기는 내게 큰 울림으로 다가왔다. 지금껏 '높은 자리'에 앉은 사람들은 '관리'랍시고 그저 다루고 간섭(管)하려고 들 뿐, 그들을 어떻게 이끌어야 하는지 이치(理)를 알지 못한다. 현세대는 더 이상 강압적인 명령이나 일방적인 지시가 통하지 않는다. 누구나 공감을 통해서만 더 큰 성과를 낼 수 있다.

다른 사람의 입장에서 상황을 파악하고 문제를 이해하라. 높은 곳에 섰다고 해서 일방적으로 누구를 비난하거나 책임을 전

가해서도 안 된다. 초등학생도 알 수 있을 만큼 쉬운 이야기지만 누구나 할 수 있는 일은 아니다.

우리는 누구나 '질풍노도'의 시간을 보낸다. 하루가 다르게 변하는 몸과 마음, 주변의 기대, 미래에 대한 불안, 현실에 대한 불만으로 중심을 잡지 못하고 이리저리 흔들리며 실수하고 좌절한다. 지금 그렇다고 해서 영원히 그렇게 산다는 뜻은 아니다. 오히려 젊기 때문에 뭐든지 도전해 볼 수 있고, 그 경험을 바탕으로 더 큰 성과도 올릴 수 있다. 그러니 지금은 별 볼 일 없다고, 또는 세상을 모르는 어린애 철부지라고 함부로 무시하지 마라.

내가 L을 알게 됐을 때는, 그가 막 대학교를 졸업한 후 영어학원에서 고문으로 일하고 있을 때다. 일개 직원으로 출발한 L은 프로젝트 매니저를 거쳐 분교의 교장으로 승승장구했다. 그동안 누구보다도 열심히 살아온 것도 대단하지만 더 나은 미래에 대한 그의 신념과 갈망에 크게 감동받았다.

우연한 기회에 L이 사는 도시를 방문한 적 있는데, 당시 우수한 교장으로 인정받고 있던 그의 초대로 유명한 식당에서 식사를 하게 됐다. 맛집답게 식당 안에는 많은 손님들이 식사를 즐기고 있었다.

왁자지껄한 식당 안에서 L은 종업원을 불렀다. 하지만 밀어닥치는 손님을 상대하고 있던 종업원은 잠시만 기다려 달라고 한 뒤 정신없이 밥상을 치우고 있었다. 이에 L이 여러 번 종업원을 불렀고, 아무도 나타나지 않았다. 화가 머리끝까지 난 L은 바닥으로 접시를 던졌다. '와장창' 요란한 소리가 식당 안에 울려 퍼졌다. 순간, 식당 안에 있던 사람들이 모두 우리를 쳐다봤다. 당황한 나머지 나는 아무 말도 못 하고 있었다.

곧 달려온 스무 살 남짓한 종업원이 죄송하다며 맨손으로 유리조각을 줍기 시작했다. L은 전혀 미안해하는 기색 없이 오히려 무시당했다며 큰 소리를 쳤다. 나는 의자에서 일어나 유리조각을 줍는 종업원 곁에 가 어깨를 툭툭 쳤다.

"맨손으로 유리를 주으면 어떡해요? 이렇게 하면 손 다칠 수 있어요. 저기 가서 빗자루를 가져오세요. 깨진 접시 값은 제가 내죠."

내 말에 종업원은 마치 자신이 큰 잘못을 저지른 것처럼 겁먹은 표정으로 고개를 끄덕였다. 한편, L은 여전히 화가 풀리지 않았는지 다른 종업원에게까지 화를 내고 있었다.

"젊은 친구들한테 왜 화를 내고 그래? 일부러 그런 것도 아니고 바빠서 바로 응대하지 못한 건데…… 이제 그만 화 풀고 음식이 나올 때까지 기다리자."

내 말에 L도 더 이상 아무 말도 하지 않았다. 잠시 뒤에 맛있는 음식이 나왔지만 이미 기분이 상한 터라 음식이 코로 들어가는지 입으로 들어가는지 모르게 먹었다.

그로부터 며칠이 지난 뒤에도 계속해서 불쾌한 시간을 보내야 했다. L은 식당이나 호텔에 가서도 여전히 종업원들에게 심하게 짜증을 내거나 심한 경우 호통을 쳤다.

"정말 궁금해서 그러는데, 대체 저 사람들하고 무슨 원수라도 졌어? 왜 그렇게 화를 내는 거야?"

그때 그의 대답은 지금도 절대로 잊혀지지 않는다.

"돈을 냈으니 당연히 그에 맞는 대우를 받아야지. 그리고 욕 좀 먹는다고 뭐가 어떻게 되는 것도 아니고…….."

자신보다 약한 사람에게 함부로 구는 L, 대체 그는 왜 이렇게 행동하는 것일까?

L과 함께 작업하면서 비로소 그 이유를 알게 됐다. 업무 특성상 고위층 고객을 주로 상대하는 L은 돈이면 뭐든지 해결할 수 있다는 생각에 자신도 모르게 세뇌된 듯했다. 돈 많은 고객들은 자녀에게 최고 수준의 영어 교육을 제공해 달라며 거액의 돈을 선뜻 내놓았다. 하지만 그들은 L을 교육자가 아닌 돈만 주면 마음대로 굴어도 상관없는 '물건' 취급을 했다. 이런 상황이 반복되다 보니, 그도 은연중에 돈이면 뭐든 해결할 수 있다는 물질만능주의에 젖어들고 말았다.

정말 돈이면 뭐든지 해결할 수 있을까?

돈만 있으면 약자에게 함부로 굴어도 되는 걸까?

한 사람의 인품은 웨이터를 대하는 태도에서 알 수 있다는 '웨이터의 법칙'은 비즈니스계에 널리 알려진 경영관리 법칙이다. 웨이터는 무언가를 결정할 수 있는 권한이 없기 때문에 누구에게도 위협이 되지 않는다. 게다가 특정한 규정이나 의무도 없기 때문에 손님은 오로지 자신의 생각과 가치관에 따라 웨이터를 대하게 된다. 결론적으로 높은 소양을 지닌 사람일수록 청소부나 택배기사, 웨이터처럼 육체노동을 하는 사람들을 존중한다는 것을 알 수 있다. 그들은 유니폼을 벗는 순간 우리와 똑같은, 열심히 살아가는 소시민일 뿐이다. 그들은 서비스업종에 종사하며 자신의 직업에 충실한 것이다. 어쩌면 그들은 나중에 우리보다 더 높은 자리에 오를 수도 있다.

또다시 L과 식사를 하게 된 어느 날, 여전히 짜증을 부리는 모습에 종업원들과 기분 좋게 이야기한 지 얼마나 됐냐고 물었다.

"그게 무슨 말이야? 여태껏 그 사람들과 종종 농담도 하고 있었는데……."

"입장 바꿔서 생각해 봐. 네가 고문으로 일할 때 돈 많은 고객들이 돈다발을 집어던지면서 네게 뭐라고 했는지……. 네게 욕설을 내뱉을 때 기분이 어땠어? 그 사람들 얼굴에 돈을 던져 버리고 싶단 생각 들지 않았어?”

“그러고도 남았지. 지금 같았으면 돈이 뭐야, 찬물이라도 확 뿌려 줬을 텐데.”

“방금 전 네가 화냈던 종업원도 같은 생각을 했을 거야.”

내 말에 L은 놀란 듯 아무 말도 못 하다가 자신의 잘못을 깨달은 듯 한동안 고개를 들지 못했다. L은 갑자기 험상궂은 표정으로 내게 입을 열었다.

“네 말이 뭔지는 알겠는데 네 생각처럼 그렇게 최악은 아니거든!”

난 웃으며 술을 몇 잔 걸쳤다.

그날 추가 주문하는 L은 종업원에게 고맙다며 웃으면서 이야기했다. 그 모습에 갑자기 큰 감동이 밀려왔다. 앞으로 L은 사람들에게 좀 더 친절해질 것이라고 확신한다.

앞에 언급했던 일본 역사로 다시 돌아가 보자. 오다 노부나가가 '원숭이'라고 불렀던 도요토미 히데요시가 훗날 일본을 통일할 것이라고, 사람의 마음을 읽는 데 능했던 그가 조선과 명나라를 칠 것이라고는 아무도 예상하지 못했다. 그리고 그 누구도 도쿠가와 이에야스(德川家康)가 도요토미 히데요시의 최후의 '대업'을 달성할 것이라고도 알지 못했다. 그는 누구한테서도 원한을 사지 않기 위해 거의 반평생을 온갖 모욕과 시련을 참았을 뿐만 아니라 함부로 입도 열지 않았다. 그런 그가 최후의 웃는 승자, 후세가 기억하는 인물이 될 것이라고는 아무도 알지 못했다.

우리 주변에는 일상 속에 숨어 있는 수많은 '리틀빅 히어로'가 존재한다. 너무 작아서 잘 보이지는 않지만 그들이 존재함으로 인해 세상은 아름답게 빛난다. 모든 사람은 신분고하를 막론하고 존중받아 마땅한 존재다. 이 세상에 존재하는 모든 평범한 사람들을 존중할 줄 알아야 더 높게 비상할 수 있다.

낮은 자세를 취할 줄 아는 용기가 있다면 더 아름다운 세상을 마주할 수 있다. 이보다 더 중요한 것은, 겸손한 사람한테서는 그 누구도 만들어 낼 수 없는 환한 빛이 눈부시게 쏟아져 나온다.

실수해도 괜찮아 마인드 컨트롤,
나만의 마이웨이

　우리 팀의 진행자인 샤오바이(小白)는 뭐든지 완벽해야 직성이 풀리는 완벽주의자다. 발음이 조금이라도 씹히거나 더듬거리면 하루 종일 물도 마시지 않을 만큼 신경을 곤두세운다. 그 때문에 그녀가 들고 다니는 녹음기가 종종 박살나기도 했다.

　한 번 틀렸던 내용을 신경 써서 읽다 보니 점점 더 발음이 꼬이고 더듬거리기 일쑤였다. 몇 번씩 똑같은 대목을 읽어도 자꾸 틀리자 짜증만 나고, 짜증이 나니 급기야 정확하게 읽었던 내용까지도 틀렸다.

　대학교 시절, 샤오바이는 친구의 생일 파티에 초대받았다. 파티 장소는 당시 예약하기가 하늘에 별 따기보다 어렵다는 유명

레스토랑이었다. 약속 시간이 되자 기숙사 앞에 친구들이 하나 둘씩 모였다. 그런데 어찌된 영문인지 샤오바이의 모습이 보이지 않았다. 예약 시간이 지나면 한참 기다려야 했던 터라 친구들은 급한 마음에 샤오바이에게 전화를 걸었다.

"샤오바이, 뭐 하고 있어? 빨리 내려와, 모두 널 기다리고 있잖아!"

"나 대본 연습 중이야. 대사 한 마디가 마음처럼 잘 안 되네. 30분 동안 스무 번도 넘게 읽은 것 같은데⋯⋯."

샤오바이의 평소 성격을 잘 알고 있던 친구들은 당장 기숙사 안으로 뛰어 들어갔다. 예상대로 샤오바이는 녹음기에 화를 내고 있었다. 조금만 늦었더라면 아마도 녹음기는 박살났을 것이다.

결국 예약 시간을 지키지 못해 우린 어쩔 수 없이 근처 식당에 들어가 음식을 주문했다. 그날 식사는 아마 샤오바이에게는 무척 길게 느껴졌을 것이다. 친구들이 모두 멋진 저녁 식사를 놓쳤다며 불평했기 때문이다.

식사 후, 기숙사에 돌아온 샤오바이는 녹음기 옆에 앉아 대본을 읽기 시작했다. 그런데 어찌된 일인지 술술 자연스럽게 읽히는 것이 아닌가! 샤오바이는 후회했다. 짜증만 내지 않았어도 친구의 생일 파티도 망치지 않았을 테고, 맛있는 식사도 즐겼을 텐데. 그리고 무엇보다도 녹음할 대사도 순순히 잘 읽혔을 것이었다.

이 일을 계기로 이제 샤오바이는 마음을 바꾸기로 했다. 일이 뜻대로 풀리지 않을 때면 잠깐 주의를 돌려 기분을 가라앉혔다. 그 결과 감정에 함부로 휘둘리지 않는 것은 물론, 작업 능률도 훨씬 높아졌다고 한다.

희로애락의 감정이라는 특권을 지닌 우리 사람은 불행히도 그 때문에 감정에 휘둘려 곤란해질 때도 있다. 기분이 좋을 때는 세상을 다 가진 것처럼 굴기도 하고, 아무리 큰 잘못이라도 다 용서해 줄 것처럼 군다. 흥에 취한 나머지 내일 출근하지 않겠다며 밤새 술을 마시기도 한다. 그런 뒤에는 어떤 상황이 펼쳐질까? 다음 날 아침이면 속도 울렁거리고 머리도 깨질 것 같다. 급기야는 컨디션이 좋지 않아 맘대로 출근하지 않았다가 최악의 경우 직장을 잃을 수도 있다.

여러 사람 또는 부서가 힘을 합쳐야 하는 일일수록 감정에 쉽게 휘둘리는 사람은 스스로 손해 보는 것은 물론, 동료를 궁지에 빠뜨릴 수도 있다. 다시 말해서 혼자라면 마음 가는 대로 행동해도 되지만 단체행동을 해야 할 때는 감정을 최대한 '희석'시킬 줄 알아야 한다.

중국 내 500대 기업 입사시험에 응시한 친구 Y가 있다. 서류 심사, 능력 심사를 거쳐 최종 면접에 오른 그는 심사관도 마음에

든다며 채용하기로 낙점한 상태였다. Y는 역으로 오히려 심사관에게 질문을 던졌는데, 만족스러운 답변을 얻지 못했다며 그대로 시험장 문을 박차고 나왔다. 이 소식에 주변 친구들은 한바탕 난리가 났다.

"너 대체 뭘 물어본 거야?"

"회사 사장이 결혼했는지 물어봤는데 아직 미혼이라고 하더군. 너도 한번 생각해 봐. 나이 마흔이 다 되도록 결혼하지 않았다는 건 일벌레라는 뜻이야. 한밤중에 야근하라는 호출 전화도 받기 싫고 성과만 강조하는 태도도 마음에 들지 않아. 출근할 때는 기분 좋게 인사를 건네다가도 점심 먹고 나서는 호통을 치는 사람일 게 분명해. 난 그런 사람이랑은 죽어도 함께 일하고 싶지 않아."

Y의 예상은 정확했다. 성질 더럽기로 유명한 사장은 PPT에 잘못된 문장부호가 들어갔다며 한밤중에 직원에게 전화를 걸어 온갖 욕설을 퍼붓기 일쑤였다. 만일 사장이 스스로 감정을 조절할 줄 알았다면 PPT 수정하는 일 따위는 문제도 아니었을 것이다. 그 이튿날 직원에게 문제를 얘기해도 되었을 테지만 사장은 감정을 쉽게 추스르지 못하고 직원들을 야단쳤다. 걸핏하면 화만 내고 권위를 내세우는 사장 때문에 회사 직원들은 불안에 떨었다. 상황이 그러다 보니 누구 하나 사장의 의견에 반기를 들지 못

했고, 회사가 엉뚱한 방향으로 빠져도 침묵했다. 그 결과, 사장은 회사 경영에 큰 어려움을 겪게 됐다.

이 사실 하나만으로도 정서적으로 안정된 경영인이 회사의 운명과 성공에 얼마나 큰 영향을 미치는지 쉽게 짐작할 수 있다. 위기의 순간, 위기를 처음 마주해야 하는 일선 현장이 적극적으로 대처하지 못한 상태에서 리더까지 당황하고 감정적으로 행동하면 그 조직은 결국 무너지기 마련이다.

아이들은 종종 이유도 모른 채 자신이 잘못했다고 생각하지만 정확히 말해서 이들은 감정에 휩쓸린 어른들 때문에 상처를 입게 된다. 감정적인 행동이 또 다른 사건으로 이어지면서 부정적인 효과는 커져 가고, 그로 인해 피해자도 등장한다. 감정에 휘둘리다 보면 얻는 것보다 잃는 것이 더 많기 마련이다. 그런데도 왜 스스로 감정의 희생자가 되려 하는가? 정서적인 안정이 우리 삶에서 무척 중요하다는 걸 최근 들어 부쩍 깨닫고 있다.

상황이 여의치 않을 때는 화를 내기보다는 크게 심호흡하며 해결 방안을 모색하라. 문제가 해결됐다면 가볍게 한숨 돌려도 좋다. 설사 문제가 해결되지 않는다고 해도 누구를 원망하거나 화내지 마라. 왜냐면 분노를 터뜨려봤자 더 큰 상처를 입힐 수 있기 때문이다. 사적으로 친한 상대일수록 깊은 상처를 입는 법이다.

돈이나 권력, 명예 등 때문에 일희일비하거나 남의 불행을 자신의 행복으로 여기는 태도는 반드시 버려야 한다.

생활의 달인들은 실수해도 감정에 휘둘리지 않고 자신의 잘못을 후회한다. 스스로 감정적으로 행동하지 않도록 자신의 삶은 스스로 결정하는 것이다. 자신의 삶을 스스로 주재하는 사람이야말로 진정한 생활의 달인이다.

이 책을 읽는 독자들 역시 한때의 기분에 휘둘리지 않고 묵묵히 자신만의 '마이웨이'를 찾기를 바란다.

우리가 열광해야 할 것들

제31회 리우데자네이루 하계올림픽 여자 배영 100미터 준결승에서 58초 95로 3위에 들어오며 준결승에 진출한 푸위안후이(傅园慧). 그녀는 올림픽 깜짝 스타로 떠오르며 중국은 물론 전 세계 시청자들에게 깊은 인상을 남겼다.

그녀를 화제의 인물로 만들어 준 것은 한 언론사와의 인터뷰였다. 결승전까지 컨디션을 유지할 수 있겠느냐는 기자의 질문에 푸위안후이는 천진난만한 미소를 지으며 대답했다.

"아니오, 불가능해요. 이미 준결승에서 우주의 기운까지 다 써 버렸거든요. 오늘 성적으로도 전 만족해요."

최선을 다하겠다는 뻔한 대답을 기대하던 사람들의 예상을 깬 그녀의 발언에 중국 네티즌은 열광했다.

올림픽이 끝난 후, 많은 기업들이 그녀를 광고 모델로 모시기에 치열했다. 실제로 일부 마케팅 담당자들로부터 '우주의 기운'을 홍보 수단으로 활용할 수 있는 시나리오를 써 달라는 요청이 쇄도했다. '우주의 기운'이라는 글만 들어가도 분명 소비자의 시선을 끌고 지갑을 열게 할 것이 분명해 보였다.

하룻밤 사이에 유명 인사로 떠오르면 처음에는 사람들이 자신을 알아봐 준다는 사실에 기뻐하고 신기하게 생각한다. 하지만 시간이 지날수록 주변의 시선에 얽매여 스트레스를 받거나 사람을 대하는 데 거부감을 느낄 수도 있다.

중국의 육상 영웅인 류시앙(劉翔)이나 농구선수인 야오밍(姚明)도 한때는 모든 중국인이 자랑스럽게 생각하는 스포츠 스타였다. 하지만 시간이 지날수록 대중에게 손가락질 받는 존재로 전락하고 말았다. 처음에는 그들을 중화민족의 자랑, 중국인의 자부심이라며 치켜세웠다. 대중의 호감도가 높다는 사실을 감안해 두 사람 모두 수많은 광고를 찍기 시작했다. 여기에 매스컴의 대대적인 보도까지 가세하면서 사람들은 슬슬 싫증을 내기 시작했다.

올림픽 무대에서 부상을 입고 기권한 류시앙, NBA에 은퇴한 야오밍. 두 사람을 두고 중국 내 여론은 크게 달아올랐다. 두 사람한테 투자하는 데 들어간 세금이 아깝다는 둥, 발목이 부러지는 한이 있더라도 경기를 포기해선 안 됐었다는 둥 갖가지 말들이 사방에서 쏟아져 나왔다.

　대중이 공인을 대하는 패턴은 항상 똑같다. 상대가 마음에 들면 간이라도 빼 줄 것처럼 굴다가도 마음에 들지 않으면 가차 없이 등을 돌린다.

　그렇다면 그들의 지적은 정확한가? 그렇지 않다. 대중은 객관적인 사실에 입각하기보다는 순간적인 감정에 휩싸여 하루에도 몇 번씩 변덕을 부린다. 사람이 많아질수록 진실에서 멀어지고 감정에 호소하는 데 급급하다. 그 결과 진실이 호도되면서 거짓이 세상을 지배하게 된다. 진정한 진실은 시간이 흐르면서 진리의 시험대를 통과해야만 비로소 인정된다.

　금메달을 따지 못한 선수에게도 관심을 기울이는 대중의 모습에 언론사들은 중국 시청자들의 수준이 높아졌다고 한다. 하지만 류시앙, 야오밍을 비롯해 올림픽에서 금메달을 따지 못한 사람들을 향한 비난과 조롱에 대해 어느 누구도 사과하지 않았다.

　수많은 사랑을 받는 스포츠 스타를 나라고 싫어할 이유가 없다. 오히려 나는 솔직한 성격의 푸위안후이를 무척 좋아한다. 그렇기 때문에 그녀가 매스컴으로부터 조롱받거나 사람들의 구경거리로 전락하지 않기를 진심으로 바란다. 대중들이 잘나가던 류시앙을 버렸던 것처럼 그녀 역시 대중들로부터 버림받을 수 있기 때문이다.

푸위안후이에 대한 대중의 관심이 뜨거운 데다 평론가들 역시 모두 그녀의 칭찬을 늘어놓고 있지만 사람이란 원체 복잡다단한 존재라 언제든지 여론이 돌아설 수 있다는 사실을 명심해야 한다.

언론에서는 푸위안후이에 대한 영상을 쉬지 않고 내보내고 있을 뿐만 아니라 관심을 모았던 인터뷰 장면 역시 계속 업데이트했다. 그 모습에 사람들은 메달 색에 연연해하는 것이 아니라 진정으로 올림픽 정신을 즐기는 순수한 소녀라며 열광했다. 귀엽고 솔직한 스포츠 스타라며 흐뭇한 시선으로 바라보기도 했다.

하지만 사람은 하루에도 수십 번씩 변하기 마련이다. 푸위안후이가 화를 내고 있는 화면을 보게 된다면 어떤 반응을 보일까? 그녀에 관한 스캔들 소식을 듣고도 여전히 호감을 보일 수 있을까? 푸위안후이가 기자에게 화를 낸다면 어떻게 생각할까?

중국인은 항상 '화제'를 만드는 데 열중한다. 별것도 아닌 일을 크게 부풀리고 자신의 생각보다는 남이 하는 이야기를 똑같이 흉내내기에 바쁘다. 작은 일에도 요란을 피우며 일을 키우다가 끝내 자신은 물론 다른 사람에게도 상처를 준다. 그리고 그 끝은 항상 비극으로 끝나고 만다. 한때 화제의 인물로 등극했다가도 결국 사람들로부터 자신의 성과를 제대로 인정받지 못하고, 최악의 경우 추악한 소문만 뒤집어쓸 수도 있다. 여태껏 열심히 살아왔지만 한순간의 실수에 나락으로 떨어질 수 있는 것이 사람이다. 그동안의 노력과 성과를 모두 외면당한 채 단 하나의 '오점'만으로도 사람들로부터 손가락질 받을 수 있다.

특히 지금과 같은 인터넷 시대에 누군가를 비난하는 일은 누워서 침 뱉기보다 쉽다. 누군가를 비난하는 데 돈이 드는 것도 아니고 책임도 질 필요 없다. 그저 기분 내키는 대로 온갖 비난과 차마 입에 담지 못할 말을 내뱉어도 사과 한 마디조차 없다.

그 말에 상처 입을 누군가에 대해 진지하게 생각해 본 적 있는가? 모두의 관심을 받다가 순식간에 손가락질을 받게 되는 공인이야말로 가장 무고한 소비품이다. 혹자는 그들이 공인인 이상 대중의 심판을 받아야 한다고 말할지도 모르겠다. 하지만 푸위안후이는 연예인이 아니라 평범한 운동선수에 불과하다.

그렇다면 우리는 '인물' 말고 무엇을 좇고, 무엇에 열광해야 하는가?

'미국 민요의 아버지'로 불리는 스테판 포스터(Stephen Foster), 아마도 아는 사람이 많지 않을 것이다. 솔직히 나도 처음에는 누군지 잘 몰랐다. 수업을 준비하다가 우연히 그의 이름을 보고는 호기심에 인터넷에서 그의 작품을 검색했다. 놀랍게도 그가 작곡한 노래는 디즈니의 애니메이션은 물론 수많은 영화 OST에 등장할 만큼 무척 친숙했다. 〈오, 수잔나(Oh! Susanna)〉, 〈캠프타운 경마(Camptown Races)〉, 〈스와니 강(Old Folks at Home)〉, 〈켄터키

옛집(My Old Kentucky Home)〉……

서른일곱 살에 세상을 떠난 그는 죽기 전에 이런 유언을 남겼다고 한다.

> 내가 죽은 후 날 기억하지 않아도 돼. 다만 내 노래만 기억해 주면 된다네.

그의 유언은 지금도 잘 지켜지고 있다. 그가 죽은 지 200년이 지난 현재, 아무도 그를 칭찬하거나 비난하지 않는다. 그에게 상처를 주는 사람도 없다. 하지만 그의 노래는 여전히 많은 사람들로부터 사랑받으며 지금껏 애창되고 있다.

그의 가정사를 살펴보니 결혼생활이 행복하지 않았다고 한다. 하지만 그게 중요한가? 사생활은 개인의 일이지만 그의 작품을 감상하는 것은 대중의 몫이다. 그래서 개인에 대한 관심은 신변잡담이나 결혼생활, 사생활이 아니라 그의 작품과 성과, 경험에 맞춰져야 한다.

푸위안후이 역시 마찬가지다. 올림픽에서 좋은 성적을 거둔 운동선수지만 사람들은 그녀의 연애담, 가정사, 부모에 대한 이야기를 집요하게 파고든다. 어쩌면 나중에는 그녀가 살고 있는 집이나 보유 중인 재산을 캐거나 그녀를 욕했던 사람들을 인터뷰할지도 모르겠다.

그런 것은 우리가 원하는 것이 아니다. 그러니 우주의 기운 따위 당장 날려 버려라! 지나치게 과대 포장하거나 집요하게 파고들 필요도 없다. 그저 순간을 즐기는 것만으로도 충분하다. 우주의 기운을 모으는 데 매달리지 말고 자신이 해야 할 일에 최선을 다해라. 이것이야말로 우리가 좋아야 할, 열광해야 할 일이다.

그동안 우리 사회는 이상한 패턴에 빠져 있었다. 그다지 유명하지 않은 사람을 화제의 인물로 만들고 마치 이 시대의 대변인, 새로운 세대의 상징처럼 애지중지한다. 모두들 그에게 환호하며 열광하는 순간, 그와 관련된 좋지 않은 소식이 전해지면서 사람들의 관심이 급속도로 식어버린다. 그러고는 마치 기다렸다는 듯 사람들은 하이에나처럼 그를 물어뜯고 씹어 댄다. 이제 간신히 사람들의 기억에서 벗어날 줄 알았는데, 또 다른 누군가가 그를 찾아내고 그동안 대중 때문에 얼마나 힘들었냐며 눈물로 위로한다. 사람들은 미안하면서도 꿋꿋이 잘 버텨줘서 고맙다며 다시 그에게 호감을 드러낸다. 어김없이 그에 관한 또 다른 안 좋은 소문이 퍼지면서 위와 같은 상황은 쉴 새 없이 되풀이된다.

이럴 바에야 차라리 처음부터 객관적으로, 냉정하게 생각하는 편이 낫다. 공인도 한 분야에서 뛰어난 실력을 가진 인물일 뿐, 결국 우리와 같은 사람이다. 무조건적으로 그들을 사랑했다가 충동적으로 외면하는 까닭은 무엇인가! 갑작스러운 스캔들이나 악의적 소문을 퍼뜨리는 사람들의 이야기에만 귀 기울일 뿐 왜 진실을 마주하려 하지 않는가!

가만히 팔짱 끼고 앉아 구경하는 것보다 진실을 좇는 것이 더 중요하다. 진실은 알기 어렵지만 소문은 발 없이도 천 리를 가는 법이다. 어쨌든 인터넷 시대에 즐기면 그뿐이다. 지나치게 순진해서도 안 된다. 필요한 게 있다면 챙기고, 그렇지 않다고 해도 욕할 것도 없다. 그저 그뿐인 것이다.

푸위안후이와 그녀의 어록에 대해 조심스러운 까닭은 그녀는 내가 모르는 사람이기 때문이다. 영상이나 인터뷰만 보고서 그녀가 어떤 사람인지 알 수 없다. 관계자도 아닌 무관한 사람이 그녀에 대해 이러쿵저러쿵 이야기하는 것도 믿을 수 없다.

그래서 나는 푸위안후이를 냉정하고 객관적으로 좋아하려고 한다. 그래야 나중에 그녀에 관한 안 좋은 소식이 전해지더라도 실망하기보다는 좀 더 관용적인 태도로 받아줄 수 있을 테니까.

여론으로부터 단기간에 집중 조명을 받는 일이 그 어느 때보다도 쉬워졌다. 인터넷을 통해 하룻밤 사이에 유명 인사가 될 수도 있고, 당신이나 내가 제2의 푸위안후이가 되어 '우주의 기운' 같은 어록을 남길지도 모른다. 그런 상황이 벌어졌을 때 당신은 많은 사람들의 관용과 이해를 필요로 하게 될 것이다.

길을 잃고 방황할 때
그 길을 밝혀 줄 '별'

우리는 왜 스타에 열광하는가? 그를 사랑함으로써 더 나은 내가 되기 때문이다. 누군가를 좋아한다는 사실이 어떻게 나를 더 나은 사람으로 만드는가? 자신을 사랑해야 더 나은 내가 되는 게 아닐까?

아무것도 없는 초라한 시절에 사랑하는 사람이 있다는 것은, 앞으로 나아가야 할 길을 밝혀 주는 빛이 생겼다는 뜻이다.

먼 길을 날아갈 수 있는 날개가 다 자랐다면 이제는 자신의 날개를 사랑해야 한다. 누구의 길 안내도 없이 혼자서 비상해야 한다.

이제부터 나를 오롯이 마주할 수 있는 이야기를 들려주겠다.

군사학교에서 공부하던 당시, 알 수 없는 미래에 대한 불안으로 꽤나 힘든 시간을 보내고 있었다. 그렇다고 시간을 허비하기는 싫다는 생각에 각 대학교에서 실시하는 강연회를 부지런히 찾아다녔다.

어느 무더운 여름날, 베이징 외국어대학교에서 개최된 TED에 참가했다. 현장에는 운집한 수많은 청중만큼 그날 TED에 오른 강사 역시 수두룩했다. 그날따라 강사가 유독 많이 몰려 나중에는 누가 강연했는지 제대로 기억도 나지 않을 정도였다.

청중들 모두 지친 상황에서 덩치 큰 사내가 무대에 올라 천천히 이야기를 들려주기 시작했다. 흥미진진한 이야기에 청중들이 조금씩 흥미를 보이더니 사내는 급기야 몇 분 만에 무대를 장악했다. 그로부터 20분이 흐른 뒤 무대에는 뜨거운 박수갈채 외에도 웃음소리가 끊임없이 터져 나왔다. 청중들로부터 우레와 같은 갈채를 이끌어 낸 사내의 이름은 구디엔(古典), 전문 플래너로 활동 중이며 베스트셀러《생각의 벽을 무너뜨려라》의 저자이기도 하다. 강연이 끝나자마자 서점으로 달려가 그의 책을 샀다.

길을 잃고 방황하던 젊은 시절에는 길을 밝혀 줄 '별'을 찾으려 한다. 그때의 나도 나만의 별을 찾으려고 발버둥치고 있었다. 그날 집으로 가서 구디엔 선생님이 쓴 글을 검색하고 블로그를 즐겨찾기에 등록했다. 나중에 블로그에 올라온 글을 읽다가 그분이 신둥팡에서 영어를 가르친 적 있다는 사실도 알게 됐다.

그 후로도 나는 종종 구디엔 선생님의 글을 읽으며 친구들에게 그의 책을 여러 권 선물하기도 했다. 강연 소식이 전해지면 틈틈이 청강하기도 했다.

그로부터 몇 년 후, 난 신둥팡에 사직서를 던지고 영화를 찍거나 글을 쓰기 시작했다. 첫 번째 교정 원고를 넘기던 날, 편집자는 내게 추천의 글을 써 줄 만한 유명 인사를 아느냐고 물었다.

"찾을 수 있으려나 모르겠네요."

"혹시 찾고 계시는 분이 있으신가요? 이름을 알려주시면 한 번 부탁해 보죠."

"추천의 글을 써 주셨으면 하는 분이 한 분 계시긴 한데……. 구디엔이라는 분을 아시나요?"

"참 특이한 이름이네요. 그분과 아는 사이인가요?"

"절 모르실 거예요. 그래도 한번 부탁해 보고 싶네요."

혹시나 하는 기대감에 구디엔 선생님에게 장문의 메일을 보냈다. 내가 그분을 어떻게 알게 됐으며, 내게 어떤 변화를 가져다주었는지 그동안의 이야기를 자세히 적었다. 그리고 이틀 후 선생님으로부터 회신이 왔다.

내가 선생님에게 원고를 보냈을 당시, 선생님은 리장(麗江)에서 부모님과 여행 중이었다. 그날 저녁에 선생님이 추천의 글과 함께 여행 중인 사진을 보내 주셨다. 환한 미소를 짓고 있는 구디엔 선생님을 보고 있노라니 나도 모르게 웃음이 나왔다. 몇 년 전, 무대 위에서 눈부시게 빛나던 선생님을 나는 무대 밑에서 바라보고 있었다. 스포트라이트가 그를 비추고 있을 때, 나는 어두컴컴한 곳에 서 있었다. 그런 그에게 이제 추천의 글을 부탁할 만한 자격을 갖춘 것도 모자라 도움을 받았다는 사실이 내게는 큰 감동으로 다가왔다.

신세대 엘리트라는 이름으로 구디엔 선생님의 강연회에 오를 때마다 그분의 신작을 대중에게 추천하기 시작했다. 조금씩이지만 선생님과의 거리가 점점 좁혀지고 있다. 혹자는 더 이상 선생님이 빛나지 않는다고 이야기할 수도 있겠지만 내게는 영원한 스승이다.

지금 내가 가는 길과는 전혀 다르지만 내가 길을 잃고 방황할 때 그분은 내게 길을 보여 준 빛이자 별이었다. 그리고 지금 나는 내 날개를 활짝 펼치고 날아오르고 있다. 먼 곳에서 나를 비춰 주는 눈부신 빛과 함께……

2013년, 우위에텐이 스자좡(石家庄)에서 콘서트를 개최했다. 친구들과 함께 베이징에서 기차를 타고 스자좡으로 향하던 도중에 여성 팬 B를 알게 됐다. 우위에텐의 보컬인 아신(阿信)이 디자인한 부엉이 셔츠를 입은 B를 보자마자 그녀가 우위에텐의 열성팬이라는 사실을 눈치챘다. 그래서 처음 본 사이인데도 스스럼없이 대화를 주고받았다.

"전 올해 대학교 4학년이에요. 곧 있으면 졸업인데 이번 콘서트에 오고 싶어서 그동안 모은 돈을 몽땅 쏟아부었죠. 콘서트 입장권이랑 교통비, 숙식비에 쓰려고 지난 1년 동안 제대로 먹지도 못하고 모은 돈을 다 썼지만 후회는 없어요."

"그렇게 하면서까지 콘서트를 보고 싶었던 거야? 무슨 특별한 이유라도 있는 건가?"

"주변으로부터 아무런 도움도 받지 못하고 제가 가장 어둡고 힘든 시간을 보낼 때 우위에텐의 노래가 절 위로해 줬거든요. 그들의 노래를 들으면서 희망의 끈을 놓지 않았어요. 작년에 베이징 올림픽 경기장에서 콘서트를 개최했는데 표가 금세 매진되고 말았어요. 암표를 사기에는 돈이 없었고……. 사실 집안 형편이 그리 넉넉하지 못해서 부모님한테 손을 벌릴 수 없었거든요. 그래서 기숙사에서 휴대폰으로 공연을 듣고 있었죠. 콘서트 현장에서 환호하는 사람들의 목소리를 듣고 있으려니 저도 모르게 눈물이 나더라고요. 그래서 열심히 돈을 모아 반드시 콘서트에 가겠다고 다짐했어요."

그 후 1년 동안 그녀는 아침 일찍 출근해서 밤늦게 퇴근하는 생활을 반복했단다. 돈을 한 푼이라도 아끼기 위해 게임이나 온라인 쇼핑도 끊고 투잡을 뛰기 시작했다. 성실한 데다 유능한 그녀를 눈여겨 본 업체 담당자가 졸업 후에 자신의 회사에 입사하라며 추천장을 보내왔다.

활짝 웃는 그녀의 모습에 우리 모두 흐뭇한 미소를 지었다. SNS를 등록한 우리는 콘서트가 끝난 후에도 연락을 주고받았다. 그러다가 우연히 그녀가 올린 프로필을 보게 됐다. "고마워요, 아신! 더 열심히 노력해서 다음에는 좀 더 가까운 곳에서 만나요."

2016년, 우위에텐의 새 앨범 〈자서전〉이 발매되면서 8월 베이징 올림픽 경기장에서 3일 동안 콘서트를 개최한다는 뉴스를 들었다. 인터넷 예매 당일, 표가 5분 만에 매진되는 바람에 나는 웃돈까지 얹어주면서 암표를 구입했다. 투덜거리던 나는 그녀가 새로 올린 사진과 프로필을 보고 깜짝 놀랐다.

사진 속에는 '1층 10열'이라고 찍힌, 1,800위안(약 30만 원) 상당의 콘서트 티켓이 들어 있었다. 그리고 그 위에는 "아신, 한 달 뒤에 봐요."라는 짤막한 문구가 곁들여 있었다.

그녀가 올린 글이나 사진을 천천히 훑어보다가 지난 두 달 동안 새로운 글이 업데이트되지 않았다는 것을 발견했다. 두 달 전에 올린 마지막 사진의 제목은 '베이징의 밤 새벽 2시', 그리고 그

아래에는 이런 내용이 적혀 있었다. "아무래도 난 이미 베이징의 달빛을 사랑하게 된 것 같아."

졸업 후 벤처기업에 입사한 B는 바닥부터 시작해 지금은 어엿한 매니저로 활동하며 남부럽지 않은 연봉도 받고 있다. 이번 콘서트 티켓을 구하지 못한 그녀는 암표상에게서 10열에 해당하는 티켓을 구입했다. 돈 때문에 좋아하는 것을 포기해야 했던 그녀는 자신의 행동으로 스스로의 가치를 증명했다. 아무것도 없던 시절, 그녀를 희망으로 이끌었던 '빛'에 이제는 자신의 힘으로 한 걸음, 한 걸음 다가가고 있는 것이다.

콘서트장에서 보자는 내 메시지에 그녀로부터 답장이 왔다.

"반가워요, 잘 지내셨나요? 드디어 더 나아진 모습으로 만나게 된 건가요?"

메시지를 확인하고는 저절로 미소가 지어졌다.

우리는 조금씩 앞을 향해 나아간다.

빛나는 사람에게 가까이 갈수록 어쩌면 우리 자신이 누군가를 비추는 빛이 될 수도 있다.

술자리가 생길 때마다 나랑 이야기할 때면 기분이 좋다며 친구들은 거의 매번 전화를 걸어온다. 어쩌면 나도 누군가에게 눈부신 빛이 된 걸까?

출판 사인회에서 우연히 청각장애우 한 분을 만나게 됐다. 함께 사진을 찍어도 되냐는 요청에 흔쾌히 고개를 끄덕였다. 사인회가 끝나고 사람들이 전부 떠나자, 그분은 어디선가 나타나 내게 잠시 시간 좀 내줄 수 있냐고 물었다.

"전 어릴 때부터 한 쪽 귀에 문제가 있었어요. 우연한 기회에 선생님의 글을 보게 됐는데 제게 큰 힘이 됐습니다. '때론 세상은 불공평하고 무자비하다. 하지만 운명은 내 손 안에 있는 법! 더러운 세상을 바꿀 수 없다면 스스로 더욱 강해지는 수밖에……' 그 글을 보고 이대로 주저앉을 수는 없다는 생각이 들더군요. 그래서 선생님이 하는 영어수업을 등록하고 본격적으로 공부를 시작했습니다. 얼마 전에 4단계를 통과했어요. 리스닝 시험에서도 200점을 받았답니다."

듣기 평가 총점은 248점으로, 베이징시 평균 점수가 보통 160점에 불과하다. 한 쪽 귀가 잘 들리지 않는 상태에서 평균보다 훨씬 높은 점수를 받기 위해 그동안 얼마나 치열하게 공부했을지 짐작도 가지 않았다.

"여기에 오려고 기차표를 끊었어요. 선생님을 뵙고 싶다는 생각에 하루 전에 왔답니다. 정말 감사하다는 말씀을 드리고 싶어서요."

"제 모습 보고 실망하신 거 아니죠?"

그분은 환하게 미소 지으며 한번 안아도 되겠냐고 물었다.

"당연히 되고말고요. 그런데 그 전에 기념사진 한 장 찍어도 될까요?"

고개를 끄덕이며 날 꼭 안은 채 그분은 뜨거운 눈물을 흘렸다. 그 눈물이 정확히 무슨 의미인지는 알 수 없지만 그분의 심경이 어떨지 짐작이 갔다. 아마도 그동안 자신이 흘린 노력의 땀방울이 커다란 수확으로 돌아오고, 자신을 좇던 빛에 한층 다가섰다는 기쁨의 눈물이었을 것이다.

우리가 성장함에 따라 한때 빛나던 사람이 더 이상 중요하게 보이지 않거나 잊힐 수도 있다. 하지만 우리가 어둠을 헤맬 때 그는 우리에게 길을 알려 주고 올바른 방향으로 이끌어 주었다.

이 책을 읽는 여러분 모두 내면 깊숙이 숨겨둔 빛을 찾길 바란다. 그 빛에 다가가고 그 빛이 되는 순간, 더 밝은 빛으로 온 세상을 환하게 비춰 줄 수 있기를 바란다.

좋은 친구가 되는 법

© 김민서

우리의 삶에
그렇게 많은 '만약'은 존재하지 않는다.
오로지 지금 이 순간만 존재할 뿐

좋은 친구가 되기 위한 수고

군사학교는 특별한 일 없이 외출할 수 없을 정도로 규율이 엄
격하다. 외출할 일이 있으면 반드시 상관에게 휴가 신청서를 사
전에 제출해야 한다.

입학한 첫해, 친구로부터 주말에 열리는 생일 파티에 초대받
았다.

"미안한데 안 될 것 같아. 외출하려면 상관한테 신청서를 내야
하는데 괜히 번거롭게 하는 것 같아 관둘래."

"왜? 그 상관하고 사이가 안 좋아?"

"사이가 안 좋은 건 아닌데 날 모르는 분이야. 신세지고 싶지
않아."

"멍청한 녀석! 신세라고 할 게 어디 있어? 다 그러면서 서로 알

아가고 친해지는 거지. 이번 기회에 휴가 신청서를 내면서 친해지면 되겠네."

친구의 조언에 혹시나 하는 마음으로 휴가 신청서를 들고 상관을 찾아갔다. 신청서를 확인한 상관이 대수롭지 않은 듯 승인 도장을 꾹 찍더니 신청자의 이름을 읊었다.

"리샹룽."

"예, 제가 리샹룽입니다!"

그렇게 해서 우리 두 사람의 인연이 시작됐다. 평소 영어공부에 흥미가 있던 상사와 함께 매주 공부하거나 서로 좋아하는 책을 추천하며 조금씩 친분을 쌓기 시작했다. 상관과 부하였던 우리들은 어느새 절친으로 발전했다.

예전에 쓴 글 중에 "등가의 교환이 가능할 때 등가의 감정이 생긴다."는 내용이 있었다. 여기서 말하는 '등가의 교환'이란 반드시 돈이나 권력을 뜻하는 것이 아니라 감정, 신세, 도움과 같은 정신적인 차원의 교류를 의미한다. 당신이 오늘 내게 신세를 졌다면 다음날 신세를 갚겠다며 식사를 대접하는 일에서부터 교류가 생겨나고 감정이 교환된다. 그런 점에서 감정의 크기는 양측의 연결 고리에 따라 결정된다고 하겠다.

자칭 '사교의 달인'으로부터 친구를 사귈 수 있는 노하우를 전

수받은 적이 있다.

"난 평소에 다른 사람한테 신세지기를 좋아하는 편이야. 상대
가 만약 도와달라는 요청을 거절했다면 다음에도 꼭 그 사람을
찾아가 도와달라고 해 봐. 모르긴 해도 성공률 100%일 거야. 왜
냐면 저번에 널 도와주지 못해서 마음이 불편했을 테니까. 왠지
모르게 '빚'을 졌다는 생각에 이번에는 꼭 도와주려고 할 거야.
내 요청을 상대가 흔쾌히 받아들였다면 며칠 뒤에 그 사람한테
서 다급한 목소리로 도와달라는 전화를 받을지도 몰라. 어쩌면
내가 신세진 것보다 훨씬 까다로운 부탁일 수도 있어. 이렇게 해
서 양측이 서로에게 진 '신세'의 크기가 달라지면 그 차이를 메우
기 위해 계속해서 연락을 주고받게 되지. 그러다 보면 그저 도움
의 손길 정도로 생각했던 상대를 알아가면서 더 깊은 관계를 맺
게 될 거야."

"너무 계산적인 것 같은데? 그렇게 사귄 친구를 진짜 친구라
고 할 수 있을까?"

"진짜 친구를 판단하는 기준이 뭔데?"

"어떤 특별한 목적 때문에 만난 게 아니니까 오랫동안 함께하
면서 많은 일을 겪어야 우정이 생기겠지."

"난 전혀 계산적이라고 생각하지 않아. 서로에게 신세를 진다
는 것은 간접적으로 서로가 서로에게 연결되었다는 뜻이라고 생

각해. 그런 관계를 오랫동안 유지할 수 있는 것도 결국 서로의 진심이 통한 것이 아닐까? 아무도 그게 진심이 아니라고 규정할 수 없어. 네 친구 중에도 영화를 함께 찍다가 친해진 사람도 있잖아."

친구의 말에 아무런 대꾸도 할 수 없었다. 왜냐면 구구절절 모두 맞는 말이었기 때문이다.

심리학에 따르면 '투자해야 감정이 생긴다.'고 한다. 예를 들면 여자는 자신을 위해 많은 것을 쏟아부은 남자를 쉽게 버리지 못한다. 자신한테 많은 것을 쏟아부었다는 사실을 알기에 이별할 때 가슴 아파한다. 남자 역시 마찬가지다. 상대를 많이 사랑했을수록 그 상처와 원망이 크다.

위의 이야기에 혹자는 어떻게 그런 것을 '우정'이라고 부를 수 있냐고 따질지도 모르겠다.

"목적을 위한 만남이나 감정이 어떻게 우정으로 승화된다는 거죠? 목적을 이룬 뒤에도 계속해서 관계를 유지할 수 있을까요? 그건 우정이 아니라 속물이죠. 그런 만남은 결코 오래 유지될 수 없어요."

하지만 그 생각은 틀렸다. 어떤 감정 때문에 관계가 오래 유지되는 것이 아니다. 돈, 명예처럼 현실적인 대상뿐만 아니라 평소 함께 보낸 시간, 힘들 때 내민 도움의 손길, 즐거웠던 추억이 감정을 키우고 오랫동안 생명력을 불어넣는다.

며칠 전에 애인과 헤어져 따뜻한 위로가 필요하다는 친구, 취업 기념으로 한턱 쏘겠다는 친구……. 이들과의 관계는 함께 시간을 보내면서 점점 가까워진다. 돈, 권력 같은 목적 없이도 서로에 대한 순수한 감정은 변함없이 유지될 수 있다.

내게는 무척 내성적인 성격의 친구 K가 있다. 말이 좋아 내성적이지 내게 먼저 전화한 적이 손에 꼽을 정도로 참 무뚝뚝하다. 초등학교 때 친구가 된 뒤 10년이라는 세월이 흘렀지만 K는 내게 단 한 번도 신세를 진 적 없었다. 목구멍이 포도청이라고 나도 먹고살기에 바빠 K에게 한동안 연락을 하지 못했다. 그러던 어느 날, 우연히 옛날에 찍었던 사진을 보고 문득 K의 안부가 궁금했다. 이번에도 내가 먼저 전화를 걸었다. 별다른 이야기 없이 서로의 안부만 간단히 묻고 전화를 끊었다.

언젠가 한번은 K와 술을 마시며 평소 궁금했던 얘기를 꺼냈다.

"나랑 연락하는 게 불편해? 왜 한 번도 먼저 전화하지 않아?"

"너 귀찮게 할까 봐 그러지."

"한 번도 그런 적 없었는데 내가 귀찮아할지 안 할지 네가 어떻게 알아? 어떤 때는 너라는 사람을 전혀 모르고 있다는 생각도 들어. 그러니 네게 신세질 엄두도 나지 않고 가끔 대하는 게 어렵기도 해."

술김에 꺼낸 이야기였지만 내 진심을 이해한 K는 말없이 웃기만 했다.

첫 출판을 앞두고 디자이너로 활동 중이던 K에게 책에 들어갈 이미지 작업을 부탁했다. 시간이 촉박했던 터라 난 날마다 그의 작업실에 쳐들어가서 작업물 상태를 확인했다. 책이 무사히 출간된 것을 축하하는 뜻에서 날마다 K를 밖으로 불러내 함께 식사하거나 술잔을 기울이기도 했다. 한동안 멀어졌던 두 사람의 거리가 무척 가까워졌다는 기분이 들었다.

서로가 상대에게 신세를 지기도 하고, 그 신세를 갚기 위해 관심을 기울이는 과정이 오랫동안 이어지면 두 사람 사이의 감정은 한층 성숙해진다.

감정은 '수고로움'에서 비롯된다. 귀찮다는 이유로 연락하지 않고, 번거롭다는 이유로 만남을 피하면 감정의 교류는 있을 수 없다. 우정은 한 사람이 어닌 두 사람이 함께 노력해 만들어가는 것이다.

'안녕'이라는 말 한 마디

베이징 말 중에 '쑨즈(孫子, 손자)', '다(따, 大爺, 어르신)'라는 말은 두 가지 의미가 있다. 하나는 친족 간의 호칭, 또 하나는 유명한 베이징 은어를 가리킨다. ─한국어로 풀이하면 '철부지 녀석', '영감' 정도 되려나? H를 처음 만났을 때, 말끝마다 '쑨즈'니 '다(따)'를 들먹이길래 이상한 녀석이라는 인상을 받았다. 나중에서야 그게 베이징 사람들이 친근감의 표시로 흔히 쓰는 은어라는 것을 알게 됐다.

H를 알게 되었을 당시, 영화에 막 입문한 나는 생애 첫 번째 시나리오 〈길 위에서(在路上)〉를 쓰고 있었다. 내 실제 경험담을 소재로 한 작품을 스크린으로 옮기고 싶었지만 투자금을 받기는커녕 날 도와주겠다는 제작자도 찾지 못한 상태였다. 무엇보다

도 내가 영화를 잘 찍을 수 있을 것이라고 믿는 사람이 아무도 없었다는 것이 가장 괴로웠다. 그래도 포기하지 않고 인터넷에 영화에 출연할 배우와 스태프를 구한다는 글을 올렸다.

얼마 뒤 H로부터 메시지가 왔다.

"저도 출연할 수 있을까요?"

"상관없습니다. 나무인 척 연기하든지 영 못 하겠으면 쓰레기라도 치워 주시면 저야 고맙죠."

자포자기하는 심정으로 보낸 답장에 그는 진지하게 연기를 하고 싶다고 답했다. 활달한 성격답게 그는 거침없이 자신의 생각을 말하거나 한 번도 해 보지 못한 일에도 강한 호기심을 드러냈다. 그런 그를 보고 있노라니 영화 속 캐릭터가 그와 무척 닮았다는 생각이 들어서 당장 휴대폰을 꺼내 들었다. 영화의 대략적인 내용을 설명해 준 뒤에 오디션 날짜를 잡았다. 카메라맨을 비롯해서 출연 배우들이 모인 오디션 당일, H는 자연스럽게 대사를 읊으며 연기를 시작했다. 물 흐르듯 자연스러운 호흡과 감정 표현에 모두들 크게 놀랐다.

"기대 이상이로군요. 혹시 연기학과를 졸업했어요?"

"크하하, 아뇨! 그저 평소에 하던 대로 보여드린 겁니다."

일단 그에게 정식 시나리오를 보여 줬다. 그가 영화에서 맡게 될 역할은 우리 주변에서 흔히 볼 수 있는 청년이다. 평범한 가정에서 태어나 대학교에 진학했지만 하라는 공부는 하지 않고 하루 종일 게임만 하거나 로맨스 영화를 보다가 차이기 일쑤인 캐릭터였다.

"형님, 제가 맡게 될 캐릭터가 재벌 아닌가요?"

"어림도 없는 소리 말고 집에 가서 대본이나 잘 읽어봐. 참, 우리 팀에 온 걸 환영한다!"

이렇게 해서 그는 내 첫 번째 영화에 출연했다.

기대와 달리 제작 과정이나 인력 관리가 쉽지 않았는데, 특히 제대로 된 계약을 맺지 않아 꼼짝없이 피해를 입게 되는 상황을 여러 번 겪게 됐다. 그 때문에 돈과 시간은 물론, 가장 중요한 사람을 많이 잃었다. 그런 내 곁을 그는 영화가 끝날 때까지 지켜줬다.

한번은 영하 10도인 베이징에서 촬영한 적이 있었다. 하필 영화에 필요한 장면이 가을을 배경으로 한 터라 배우들은 얇은 옷을 걸친 채 연기를 해야 했다. 어찌나 추운지 입이 얼어서 대사가 제대로 전달되지 못했다. 게다가 내용에 맞는 장소를 찾기 위해 이곳저곳 떠돌며 촬영하기도 했다.

모두의 노력에도 불구하고 내 기본기가 부족한 탓에 촬영 진도나 스토리에 많은 문제가 생겨났다. 우여곡절 끝에 영화는 개봉되었지만 열심히 찍었다고 칭찬해 주는 사람은 하나도 없고, 몇몇 관객들로부터 형편없다는 혹평만 받았다. 그런데 이보다 더 비참한 사실은 아무도 관심을 보이지 않았다는 것이다. 그렇게 해서 내 첫 번째 영화는 막을 내렸다.

며칠 후 조촐하게 회식을 치른 후 팀은 해산됐고, 모두들 제 살 길을 찾아 나섰다. 하지만 H는 내게 다음 영화는 언제 찍을 거냐며 종종 메시지를 보내왔다.

"그래, 급하게 생각할 것 없어. 다음에는 이것보다는 더 잘 찍을 수 있을 거야!"

그로부터 한 달 뒤, 나는 음울한 방구석에서 벗어나 계속해서 시나리오 집필에 매달렸다. 당시 쓰던 시나리오의 제목은 '변질된 선택'으로, 대학교 4년 내내 함께 지내온 연인이 집을 구하지 못해 끝내 헤어지는 이야기를 그리고 있다. 사랑과 돈 중에서 무엇을 선택할 것이냐는, 세상을 향한 나의 질문이 담긴 내용이다. 대략적인 줄거리를 H에게 들려주며 주인공이라면 무엇을 선택하겠냐고 물었다.

"그게 나랑 무슨 상관인데요?"

H의 대답은 내게는 꽤 충격적이었다. 어렸을 때부터 부족함을 모르고 자란 H에게서 가족들이 전부 베이징에서 살고 있다는 이야기를 들은 적 있었다. 돈 많은 부자까지는 아니어도 밥 굶을 걱정을 해 본 적 없다는 H는 자신이 좋아하는 일에만 관심을 기울일 뿐, 나머지 일에는 무관심했다.

시나리오를 완성한 뒤 영화 촬영을 위한 준비에 착수하며 지난번 팀원들에게 함께 일하지 않겠냐고 연락을 취했다. 다들 다른 곳에서 바쁘게 일하고 있었던 터라 솔직히 기대가 크지 않았는데, 내 예상과 달리 거의 대부분의 팀원들이 돌아왔다. 그리고 이번 영화의 남자 주인공으로 H를 출연시키기로 의견을 모았다.

사실 크랭크인을 며칠 앞두고 H에게 출연료가 적은데 영화에 출연해 줄 수 있냐고 조심스레 물어봤다.

"출연료는 됐어요, 그냥 얼굴 좀 작게 찍어주면 돼요."

크랭크인 하루 전날, H는 다급한 목소리로 몸이 좋지 않다며 전화를 걸어왔다. 예상치도 못한 상황에 무척 당황했다. 일단 쉬라고 한 뒤 제작 스태프에게 이 소식을 알리며 남자 주인공이 등장하는 장면을 나중에 촬영해도 되냐고 물었다.

"말도 안 돼요! 내일이 당장 크랭크인인데 남자 주인공 분량만 나중에 따로 어떻게 찍겠다는 겁니까?"

모두들 난감해하던 순간에 H에게서 내일 정각에 촬영장에 가겠다는 메시지가 도착했다.

다음 날 새벽 6시, 어스름한 새벽하늘 아래 제작팀은 무거운 장비를 짊어지고 지하철 첫차에 몸을 실었다. 베이징 외곽으로 가는 데까지 꽤 오랜 시간이 걸린 터라, H는 기둥에 기댄 채 꾸벅꾸벅 졸고 있었다. 이어폰에서 흘러나오는 음악을 듣던 나는

H를 비롯한 동료들의 모습에 짠한 기분이 들었다.

나중에 촬영을 모두 마치고 H에게 감사의 인사를 전했다.

"수고했어, 그래도 출연료는 못 주겠지만……."

"그놈의 돈 타령은 이제 그만해요. 그러니 형님더러 영감이라고 부르는 거예요."

욕을 먹고도 기분 좋은 건 이번이 처음이었다. 촬영을 무사히 끝냈다는 안도감과 나에 대한 친근감의 표시로 H는 계속 나를 '영감'이라고 부르며 놀려 댔다. 그 모습에 나도 모르게 배시시 웃음이 났다. 그동안 H와 지내면서 그의 욕설에 이미 익숙해진 터였다. 가끔은 나도 어설프지만 그의 말투를 흉내 내기도 했다.

지금도 그때가 그립다. 아무것도 없지만 하루하루 최선을 다했던 그 시절이…….

촬영이 막바지로 접어들었을 무렵, 당시 투자자로부터 받은 자금은 물론 내가 그동안 모아 두었던 예금도 몽땅 쏟아부었지만 항상 돈에 쪼들리곤 했다. 마지막 촬영을 앞두고 제작팀에서 오늘 회식 메뉴가 뭐냐고 물었다.

"그냥 아무 거나 먹고 때우면 되지 뭘 그런 걸 따지고 그래?"

내 형편이 여의치 않다는 걸 눈치챘는지 H가 단도직입적으로 이야기를 꺼냈다.

"형님, 오늘 다싱(大興)에 있는 저희 집에서 회식하는 게 어때요? 그동안 모두 수고했으니 제가 한턱 쏠게요. 마음껏 먹고 마시고, 노래방도 갑시다.”

염치없지만 H의 제의에 나는 고개를 끄덕였다.

그날, 나는 H와 '필름'이 끊기도록 술을 마셔 댔다. 다른 것은 기억이 잘 안 나는데 그가 혀 꼬부라진 소리로 내게 했던 말은 생각난다.

“형님, 제가 베이징에서는 아무것도 아니지만 여기 다싱에서는 꽤 먹혀 준답니다. 여기에 오시면 절대로 배곯은 채로 돌려보내지 않게 해드리죠. 제가 할 수 있는 게 그것밖에 없네요.”

“배고프다고 사람이 죽는 것도 아니고……. 설사 그렇다고 해도 밥 먹여달라고 여기까지 오지는 않을 거다!”

“하여간 영감이 고집도 세다니까……. 오기 싫음 말아요. 우리 베이다(北大) 근처에도 오지 말라고요!”

“베이다? 너 베이징대학교 출신도 아니잖아?”

“응? 그 베이다 말고 베이징 다싱 말입니다!”

“…….”

술을 진탕 마셔 댄 탓에 뭐라고 떠들었는지 기억이 하나도 나지 않았다. 이튿날 아침, H가 음흉한 미소를 띤 채로 날 찾았다.

“영감, 어제 저녁에 했던 말 기억해요?”

“내가 뭐라고 했는데?”

"지나가던 아가씨한테 고백했잖아요. 내가 카메라로 다 찍어 놨으니 나중에 인터넷에 올려드리죠, 크하핫!"

그 후로 우리 두 사람은 많은 작품을 함께 만들며 우정을 쌓아 갔다. 배고프고 가난한 시절이었지만 마음만은 부자였다. "아무 것도 없는 당신의 곁을 지켜준 사람은 평생의 친구가 될 수 있다. 아무것도 없는 당신을 묵묵히 따르는 상대가 있다면 평생의 반 려가 될 수 있다." 내가 쓴 글처럼 나는 그가 나의 평생 친구가 될 것이라고 확신했다. 하지만 그날 그 일이 아니었다면, 내가 그렇 게 행동하지만 않았어도 오랫동안 서로 전화 한 통 없이 얼굴을 맞대지 못하는 일은 없었을 것이다.

2013년 말, 난 육체적으로나 정신적으로 무척 지쳐 있었다. 매 일 쉬지 않고 수업하고 글을 쓰는 데 모든 것을 쏟아붓고 있었다. 무의미하지만 규칙적으로 움직이는 시계태엽처럼 하루하루가 그냥 그렇게 흘러가고 있었다. 당시 매일 10시간 이상 강의 일정 이 잡혀 있었기 때문에 머리도, 수염도 제대로 깎지 못해 꼴이 엉 망이었다. 무척 피곤했었지만 내가 왜 이렇게 피곤한 것인지 정 작 제대로 생각해 볼 여유도 없었다. 뭔가 새로운 계기가 필요했 지만 번번이 뜻을 이루지 못하는 상황이 반복됐다. 내 뜻대로 움 직여 주지 않는 세상에 대한 반항이랄까? 제대로 씻지도 않고 추레한 꼴로 지내기 일쑤였다. 거울을 볼 때마다 그 안에 비춰지는 내 모습에 저절로 눈살이 찌푸려지곤 했다.

울적한 기분에 미국에 살고 있는 누나에게 전화를 걸어 크리스마스에 보러 가겠다고 했다. 보스턴 마라톤 테러 사건에 대한 공포와 얼마 전에 당한 실연의 아픔에 괴로워하던 누나는 무척 기뻐했다. 비행시간이 20시간도 넘는다며 누나는 여정을 함께할 친구도 데려오라고 했다.

SNS에 나랑 함께 미국 가고 싶은 사람 없냐는 글을 올리자, 누군가가 답장을 보내왔다.

"비행기 표 사주는 겁니까? 먹고 자는 거 다 챙겨 주는 거죠?"

H의 메시지였다.

"어림도 없는 소리! 대신 내가 통역하고 관광은 책임질게."

"잠깐만요, 부모님한테 물어볼게요."

몇 분 뒤 H한테서 일정을 알려달라는 연락이 온 뒤 비행기 표를 예매했다는 답장을 받았다.

"예매 완료! 영감님, 제가 같이 가 드릴 테니 사양하지 마십시오."

"너 비자도 안 만들고 표를 예매한 거냐?"

"응? 비자? 그건 또 뭡니까?"

"……"

부랴부랴 서두른 끝에 H는 간신히 미국 비자를 받았다.

당시 졸업을 앞둔 H는 부모님의 도움으로 베이징에 든든한 직장을 미리 잡아둔 상태였다. 보스턴으로 향하는 비행기에서 H는 쉴 새 없이 자신의 연애담, 가족사를 떠들어 댔다. 말하기 지쳐 기내에서 잠이 들 때까지 H의 입은 한시도 쉬지 않았다.

아무 걱정 없이 편안히 잠든 그를 보면서 마음이 무거웠다. 끝없이 펼쳐진 하늘을 보며 군사학교를 나온 후 강사로 활동하던 3년 동안 내가 걸어온 길을 조용히 떠올렸다. 강사로 일한 첫해에는 매일 자신의 실력이 느는 게 스스로도 느껴질 정도였다. 하지만 이듬해부터 괄목할 만한 성과를 거두지 못했다. 강의는 그저 먹고살기 위한 생계의 수단으로 전락했고, 날마다 다람쥐 쳇바퀴 도는 것 같은 지루한 일상이 반복됐다. 마지막 해에는 정신 없이 바쁜 시간을 보냈지만 아무것도 거두지 못했다. 자신에 대한 진지한 고민 없이 영화에 투자했다가 소중한 돈만 날렸다. 연속된 실패와 좌절에 발목 잡힌 채 나는 이러지도, 저러지도 못한 채 방황했다. 그 순간 내 미래가 어떻게 흘러갈 것인지 갑자기 두려워졌다.

나의 미래에 대해 고민하느라 비행기 객실 안의 불이 모두 꺼진 것도 몰랐다. 지금이 낮인지 밤인지 알 수 없었다. 자야 하는 것일까, 아니면 깨어 있어야 하는 것일까? 객실 안의 전등 외에 아무것도 보이지 않았다.

내가 길을 잃고 방황했을 때마다 누나나 친구와 대화하며 스스로 답을 찾았던 기억이 떠올랐다. 내게 그들은 '유도등'이었다. 내가 어디로 향해야 할지 방향을 알려 주고 무사히 착륙할 수 있도록 환한 빛을 밝혀 주었다. 그런 누나를 3년 동안 보지 못했다는 생각에 가슴 한쪽이 뭉클했다.

보스턴에 도착했을 때, 나는 시차 때문에 컨디션이 영 좋지 않았던 터라 누나를 보고도 가볍게 포옹만 했을 뿐 아무 말도 하고 싶지 않았다. 그런 나와 달리 비행기에서 한숨 푹 잔 H는 연신 농담을 건네며 분위기를 띄우고 있었다.

H와는 처음 보는 사이지만 누나를 비롯한 사람들은 금세 친근감을 드러냈다. 특히 H가 날 가지고 농담을 하거나 가벼운 욕설이라도 내뱉으면 모두 자지러지게 웃었다. 간혹 가다 그의 말에 맞장구치는 것 말고는 난 아무것도 하지 않았다. 멍하니 보스턴의 야경을 보고 있노라니 기분이 묘했다. 내 곁에는 오랫동안 떨어져 있던 누나나 친구들이 있었지만 거대한 세상에 비해 내 자신이 무척 보잘 것 없이 느껴졌기 때문이다.

보스턴에 머무는 동안 H의 수다 본능은 멈출 기미가 보이지 않았다. 누나와 조용히 이야기할 수 있는 기회를 여러 번 찾았지만 번번이 실패하고 말았다. 영어를 잘 못하는 H 때문에 항상 함께 움직여야 했다. 게다가 쉬지 않고 떠들어 대는 통에 나는 짜증이 날 대로 난 상태였다. 별것도 아닌 일로 그동안 참아왔던 분노가 한꺼번에 터져 버렸다.

그날 우리는 야구를 보러 뉴욕에 갔다. 여전히 날 가지고 농담을 늘어놓는 H를 보며 나도 모르게 뾰족한 말이 튀어나왔다. 한번 터지기 시작한 말은 거침없이 쏟아져 내리기 시작했다. 한바탕 퍼붓고 나자 말이 심했다는 것을 머리로는 깨달았지만 마음으로는 제어되지 않아 쉽사리 분노가 가라앉질 않았다. 지난 며칠 동안 날 억눌렀던 분노와 초조함에 머리가 어떻게 된 것 같았다.

내 모습에 H는 어색한 웃음을 보였다. 내가 화났다는 사실을 알았지만 자신이 무슨 실수를 했는지 알지 못하는 것 같았다. 보다 못한 누나가 진정하라며 부드럽게 타이르는 순간, 분노의 화살이 누나를 향했다. 어릴 때부터 한 번 싸우기 시작하면 끝장을 보는 내 성격을 누나가 모를 리 없었다. 나와 H의 싸움, 싸움을 말리는 누나, 누나를 향해 화풀이하는 나, 서로를 향해 고함을 치는 나와 누나, 그리고 무거운 침묵……. 도저히 기분이 풀리지 않아 우리는 근처의 술집을 찾았다.

"제일 독한 위스키 한 병이요!"

"저도 한 병 주세요."

"나도요!"

우리는 아무 말도 하지 않고 재빨리 술잔을 비워갔다. 한 병을 다 비울 때쯤 난 이미 필름이 끊긴 상태라서 뭐라고 떠들어 댔는지 하나도 기억나지 않는다. 그저 술김에 그동안 속에 담아두고 있었던 말을 모조리 내뱉었던 것만 생각난다.

우리가 머물던 바 안에 테일러 스위프트의 노래가 잔잔히 울려 퍼졌다. 옆 테이블에서 간간히 환호성이 들려왔지만 나는 그녀의 노래에 귀 기울이며 우울한 마음을 달래고 있었다. 그 순간, H가 내 어깨에 손을 올리며 조용히 말했다.

"형님, 무엇 때문에 제게 화나신 건지 모르겠네요. 그동안 저랑 지내셔서 아시잖아요, 저 원래 이런 성격이라는 거……."

난 아무 말도 하지 않았다. 왜냐면 날 놀려서 화가 난 게 아니라 그저 화를 쏟아 낼 핑계가 필요했던 것뿐이었으니까…….

"누나, 사실 누나랑 할 얘기가 있어서 미국까지 온 거야. 지난 1년 동안 무척 힘들었어. 그래서 앞으로 어떻게 살아야 할지 누나한테 조언을 구하고 싶어서 온 건데 누나는 저 녀석하고만 시시덕거리고……. 누가 누나 동생인지 알기는 하는 거야? 내 기분이 어떨지 생각해 본 적 있어?"

내 말을 가만히 듣던 누나는 뜨거운 눈물을 쏟기 시작했다.

"너야말로 내 기분을 알아? 남자 친구랑 헤어진 뒤에 지금처럼 즐거웠던 적이 없었어. 나도 힘들어, 아무것도 신경 쓰고 싶지 않

아. 그냥 아무 생각 없이 웃고 떠들었으면 좋겠어. 너희는 좀 있으면 베이징으로 돌아가겠지만 난 여기에 남아서 계속 공부해야 해. 나랑 상의하고 싶은 게 있다고 했지? 지금의 나는 내 자신도 감당이 안 돼!"

누나에게 휴지를 건네면서 불현듯 한 가지 사실을 깨달았다.

'누나는 더 이상 내게 길을 알려 줄 수 없는 거구나. 남은 길을 나 혼자 걸어야 하는 거야. 혼자서 결정하고 혼자서 책임져야 해. 나도 이제 어른이니 더 이상 누구한테 기대면 안 돼!'

지금과 같은 상태라면 전혀 화내지 않았을 테지만 그때는 내 자신에 대한 실망과 불만이 가득한 터라 이성적으로 생각할 겨를 따위 없었다. 오랫동안 억눌러 왔던 분노를 아무한테나 마구잡이로 쏟아 내고 싶었을 뿐이다. 그런 나를 H는 이해하지 못했다. 지금껏 누구한테서도 그런 이야기를 들은 적 없었기 때문이다. 내가 자신에게 화가 났다고 오해한 H 역시 남은 술을 거침없이 들이켰다.

아직도 그날의 장면이 눈앞에 여전히 선하다. 왜냐면 그날 이후로 그는 더 이상 날 놀리지도 않았고, 내게 말을 거의 걸지 않았기 때문이다.

베이징으로 돌아온 뒤 우리는 서로 연락하지 않았다. 두 사람 모두 베이징에서 살고 있었지만 전화도 걸지 않고 그냥 그렇게 지냈다. 서로의 SNS에 '좋아요'를 누르기는 해도 누가 먼저 식사하자는 말을 꺼내지 않았다.

그렇게 지낸 지 어언 3년이 지났다. 그동안 H는 은행에 취직했고, 나는 영화를 찍고 책도 두 권이나 냈다. 3년 동안 연락도 없이 지내다 보니 어쩌다 우리가 이 지경이 됐는지 이유도 생각나지 않았다. 그리고 이 글을 쓰고 있는 지금에서야 서로가 서로에게 뭐라고 했는지 다 잊었다는 사실을 깨달았다. 대체 무엇이 우리를 갈라서게 만든 것인가?

나도 모르는 사이에 친구로부터 도움을 받았을 때 우리는 감동한다.

영화 크랭크인을 앞두고 SNS에 도움을 청하는 글을 올렸다.

"베이징 근교에 별장 있는 사람? 영화에 들어갈 배경이 필요해. 금방 찍고 나올게!"

며칠 뒤 제작자가 기쁜 소식을 전해 줬다.

"촬영 장소를 찾았어, 그것도 공짜로 빌려 주겠대! 음, 말해도 될지 모르겠는데 이게 다 H 덕분이야. 그런데 자기가 도와줬다고 말하지 말라고 하던데, 대체 둘 사이에 무슨 일이 있었던 거야?"

"자식, 아직도 꿍하고 있는 건가?"

별장 신 촬영이 끝난 뒤에 H에게 메시지를 보냈다.

"얼마 뒤에 신간 발표회가 있어. 그때 한번 보자."

"예."

신간 발표회 당일, 그는 야근 때문에 올 수 없다며 다음에 보자고 연락했다. 그리고 그날 저녁, 그의 SNS에 내 책에 관한 링크가 올라왔다.

"신간이 나왔습니다. 내 대신 사인 좀 받아다 줄 분?"

내가 알던 H의 말투가 아닌, 지극히 평범한 글이었다. 순간, 세월이 얼마나 잔인한지 깨달았다. 무정한 세월 때문에 우리 두 사람은 더 이상 예전과는 다른 감정으로 서로를 대하고 있었던 것이다. 예전처럼 격식 없이 만나서 그동안 잘 살았느냐며 묻고 싶었지만 과거로 돌아갈 수는 없었다.

나중에 주변 사람들로부터 그가 애인과 헤어진 데다 회사일 때문에 힘든 시간을 보낸다는 이야기를 들었다. 그동안 연락도 한 번 없었던 데다 어떻게 위로해 줘야 할지 망설여졌다. 좋은 글이 담긴 링크를 가끔 보내는 게 당시 내가 할 수 있는 최선이었다.

어느 날 밤 11시, H한테서 메시지가 왔다.

"형님, 시간 되면 언제 한번 봐요."

누워서 메시지를 확인하던 나는 자리에서 벌떡 일어났다.

"지금 괜찮아. 30분 뒤에 싼리툰에서 보자."

"예."

그날 싼리툰의 한 술집에서 그를 만났다. 오랫동안 기대했던 만남이 문자 하나로 성사된 것이다.

누군가를 만난다는 것은 무척 쉬운 일이다. 전화 한 통, 혹은 비행기 표 한 장이면 보고 싶었던 얼굴을 볼 수 있다. 그런데도 보고 싶지 않은 것은 그보다 더 중요한 일이 있다고 생각하기 때문이다. 상대가 계속 나를 기다려 줄 것이라고 생각하면서…….

반복되는 실수와 오해가 쌓이고 쌓여서 이별을 만들고 수많은 오해가 미움을 낳는다. 지금은 알지만 그때는 몰랐다. 대수롭지 않은 이야기가 왜 기나긴 이별로 이어졌는지 아무도 알지 못했다. 오랫동안 만나지 못하면서 쌓인 수많은 오해들, 이제는 그 오해를 풀 때가 됐다.

그날 우리는 한밤중까지 술을 마셨다. 그리고 오랫동안 듣지 못한 H의 걸쭉한 입담도 마음껏 들을 수 있었다.

"영감님, 드디어 돌아오셨네요."

"나 어디 안 갔거든."

"형님, 예전 회식 때 술에 잔뜩 취해서 저한테 뭐라고 했는지 기억하세요?"

"술에 취했는데 그걸 기억할 정신이 있을 턱이 있나!"

"그때 형님이 그랬어요. '넌 평생 내 형제야!'라고……."

"흐흐, 내가 언제 거짓말하는 것 봤어?"

"저한테 거짓말하면 제가 순순히 속을 줄 압니까? 형님이 아무리 잘나가도 제게 형님은 형님이에요."

H는 잠시 말을 멈춘 뒤 조용히 입을 열었다.

"예전에 제가 기분 나쁘게 해드려 죄송해요. 그것 때문에 형님이 화내실 줄 몰랐어요."

"네가 무슨 잘못이야? 내가 속이 좁아서 그러지, 미안하다."

"닭살 돋게 그게 뭡니까? 그냥 술이나 마시죠!"

H와 술잔을 부딪치며 아무것도 없던 시절, 나를 믿고 따랐던 그가 있어서 얼마나 행복했는지 새삼 깨달았다.

미안하다는 말을 좀 더 일찍 꺼냈어야 했다. 누가 누구에게든 말이다…….

우리는 살아가면서 말 한 마디, 행동 하나에 친구와 싸우기도 하고 절교하기도 한다. 그러다가 이튿날이 되면 자신의 경솔한 태도를 후회한다. 몇 달 뒤에는 무슨 이유로 친구와 싸웠는지 기억조차 하지 못한다. 그걸 어떻게 아냐고 묻지 마라. 나도 당신과 같으니까…….

자신을 원망할 만큼 멍청한 잘못을 저질렀고 속 좁은 성격 탓에 미안하다는 말도 하지 못했다. 그러면서 상대의 휴대폰 번호를 지우지도 못했다.

아무것도 없던 시절, 당신의 곁을 지켜준 사람을 소중히 대하라.

세월이 지나고 나면 서로 소원해지고 미워하게 된 이유도 모두 새까맣게 잊고 만다. '시간이 약'이라는 말처럼, 세월은 모든 오해의 감정을 희석시키고 상처를 아물게 한다.

전화 한 통으로 그동안의 거리를 좁힐 수도 있다. '안녕'이라는 한 마디 말로 우정을 지킬 수도 있고, '미안해'라는 말로 철부지 시절 저질렀던 실수를 만회할 수도 있다.

힘내라, 친구야

그동안 나는 줄곧 긍정적인 메시지를 전하는 이야기를 주로 썼다. 세상이 얼마나 각박한 곳인지 몰라서 그런 것이 아니라 그저 그런 문제에 대해서 생각 자체를 하고 싶지 않았다. 행복한 이야기, 따뜻한 이야기만 전하고 싶었다.

한 친구가 내게 부정적인 사람도 있냐고 물었다.

"그런 사람이 당연히 없을 리가 있나!"

"그럼 그런 사람은 어떻게 상대해야 해?"

"긍정적으로 생각하도록 가르쳐 줘야지."

"그런 경험이 있었던 거야?"

한참 고민 끝에 그동안 묻어둔 이야기를 쓰기로 마음먹었다.

몇 년 전, 나는 영화 〈단몽인(斷夢人)〉을 촬영하고 있었다. 두 친구의 눈물겨운 우정을 소재로 쓴 이번 시나리오를 쓰는데, 평소보다 몇 배는 공을 들였다. 상당히 정교한 짜임을 통해 꿈을 좇는 자, 그리고 꿈을 포기하는 자의 엇갈리는 운명을 그려 냈다. 해피엔딩으로 끝나는 영화가 던지는 메시지는 간단했다. '건강이 허락하는 한 과감히 자신의 꿈을 좇아라, 비난하고 원망할 바에야 잘못을 바로잡고 행동하라.'

사실 이번 시나리오를 쓰면서 복받쳐 오르는 감정을 쉽게 다스리지 못했다. 시나리오를 다듬을 때마다 뜨거운 눈물을 쏟아 냈다. 왜냐면 현실에서 일어나는 이야기는 대부분 새드엔딩으로 끝나는 것을 잘 알고 있었기 때문이다.

그동안 나는 누구나 스스로의 노력을 통해 세상을 바꿀 수 있다고 생각했다. 가슴 쭉 펴고 살다 보면 적어도 자신의 세계를 바꿀 수 있다고 믿었다. 하지만 지금부터 들려줄 이야기는 나로서는 꽤나 가슴 아픈 이야기다. 사람에게 가장 무서운 일은 육체가 병드는 것이 아니라 마음이 피폐해지는 것이라는 것을 내 두 눈으로 직접 확인했기 때문이다.

중국 동북부 지역에 살고 있는 샤오시(신변 보호상 가명 사용─저자 주)를 만나기 위해 비행기를 탔다. 샤오시의 고향에서 가장 가깝다는 공항에 내린 뒤 8시간 동안 차를 타고 달린 끝에 드디어 목적지에 도착했다. 차에서 내린 나는 다리가 풀려 하마터면 주저앉을 뻔했다. 8시간 내내 100마일 이상 달렸기 때문이다.

그곳 사람들은 꽤나 무뚝뚝한 편이었는데, 택시운전사는 내가 차에 타자마자 다짜고짜 "꽉 매시오!"라고 한 마디 툭 던지더니 미친 듯이 액셀을 밟기 시작했다. 나도 모르게 손잡이를 움켜쥔 채 천천히 가자고 했지만 통하지 않았다.

"꾸물거리다가는 밤새 달려도 도착 못 할 거요!"

덕분에 날이 어두워지기 전에 무사히 샤오시 집에 도착했다. 간신히 정신을 차리고는 샤오시 가족에게 인사한 뒤 차를 마시며 이야기를 나눴다.

샤오시가 군사학교를 다닐 때 항상 툴툴거렸다는 내 말에 그의 가족들이 눈을 동그랗게 떴다.

"툴툴거렸다고요? 하지만 드라마나 영화를 보면 군인들은 하나같이 위풍당당하고 항상 자신감 넘쳐 보이던데요? 그나저나 영화 〈취사반 이야기(炊事班的故事)〉를 본 적 있나요?"

가족들은 뉴스 프로그램, 드라마 〈사병돌격(士兵突擊)〉을 비롯해 열병식, 국기게양식에 대한 이야기를 늘어놓기 시작했다. 처음으로 TV가 사람을 망친다는 생각이 들었다. 그곳에 있는 텔레비전을 몽땅 부수고 싶다는 충동이 들었지만 그렇게 할 수는 없었다. 왜냐면 샤오시의 고향에서는 TV나 라디오 말고는 바깥

세상에서 무슨 일이 일어나는지 알 수 있는 방법이 전혀 없었기 때문이다. 그나마 TV도 일부 채널만 간신히 수신될 뿐이었다.

내가 샤오시의 고향을 찾았을 때는 추운 겨울이었는데, 거리에 다니는 사람이라고는 눈을 씻고 봐도 찾아볼 수 없었다. 인구 수가 적어서가 아니라 얼어 죽을까 봐 모두 외출을 삼갔던 것이다. 가뜩이나 사람도 없는데 누구 하나라도 죽으면 사는 데 지장이 있을 만큼 인적이 드물고 몹시 추운 곳이었다. 또 그곳은 놀랍게도 식당에서 외상 밥을 먹을 수도 있었다. 사람들끼리 모두 아는 사이인 데다 워낙 오지라서 마음대로 도망치는 것이 불가능했기 때문이다. 샤오시는 그런 곳에서 자랐다.

그로부터 몇 년이 지난 어느 날, 샤오시가 내게 물었다.

"내가 가진 환경이 날 키운 걸까, 아니면 날 망친 걸까?

병상 옆에 앉아 있던 나는 아무 말도 하지 못했다.

샤오시는 초등학교, 중고등학교를 다니는 내내 한 번도 반에서 1등을 놓친 적이 없었다.

"원체 좁은 곳이라서 경쟁할 상대조차 없었어. 그래서 매번 1등 한 것뿐이야."

"경쟁 없는 곳이 세상에 어디 있어? 그건 그렇고 어떻게 1등 자리를 지킨 거야? 머리 좋다는 대답은 사양한다!"

내 말에 샤오시는 잠시 고민하는 듯하더니 아무렇지 않다는 표정으로 입을 열었다.

"후후, 부모님한테 맞아서 그런 거 아닐까?"

"농담하지 말고 제대로 말해 봐."

"정말이야, 우리 아버지가 한 성격하시거든. 어머니도 만만치 않으시고……. 나한테 무척 엄하셨어. 사내 녀석한테는 말로 타이르는 것보다는 매로 다스리는 게 확실하다며……."

"부모님이 원망스럽지는 않았어?"

"원망할 리가 있나, 다 나 잘 되라고 그러시는 건데……."

초등학교, 중고등학교에서 월등한 성적을 거둔 샤오시는 열악한 환경 속에서도 미래에 대한 희망을 키워갔다. 그러던 어느 날, 대학 입시를 앞둔 샤오시를 부모님이 불렀다.

"샤오시, 두 가지만 부탁하마. 베이징에 가라. 그리고 군사학교에 입학해 다오."

갑작스러운 말에 샤오시는 무척 당황했다. 하지만 그로부터 몇 년이 흐른 후에야 샤오시는 부모님의 남다른 사연을 알게 됐다.

"아버지는 어린 시절부터 군인이 되고 싶었는데 시력도 안 좋은 데다 뒤를 봐줄 인맥마저 없어서 꿈을 포기하셨대. 옛날에는 아무나 군인이 될 수 없었다고 하더군. 아버지가 이루지 못한 꿈을 내가 이뤄 주기를 바라셨던 거야."

부모님의 제안을 언뜻 이해하기는 어려웠지만 샤오시는 받아들였다.

그해 여름, 샤오시는 가방을 짊어지고 혼자서 베이징 행 기차에 몸을 실었다. 그렇게 해서 군인으로서의 삶을 시작하게 됐다.

샤오시는 군사학교에 입학한 뒤 금세 두각을 드러내며 많은 사람의 기대를 한몸에 받았다. 수업 내용을 누구보다도 빠르고 정확하게 파악하고 누구보다 솔선수범했다. 농촌에서 자란 덕분에 힘든 일도 척척 해내며 군대생활에 빠르게 적응했다.

하지만 그와 동시에 술과 담배를 배우고 상관이나 강자에게 아부하는 못된 가치관을 받아들이기 시작했다. 이때 얻은 습관과 가치관은 평생 샤오시를 따라다니며 그를 전혀 다른 사람으로 바꾸고 말았다.

불행 중 다행으로 배움에 대한 그의 열망과 태도는 언제나 변함없이 진지했다. 다른 사람을 위한 배움은 참된 배움으로 이어질 수 없다는 것을 무의식적으로 알고 있었던 것 같다.

샤오시를 처음 만난 곳은 도서관이다. 아무도 없는 도서관에서 샤오시는 구석에 박혀 군사 관련 잡지나 병기 서적을 읽고 있었다. 고개 한 번 들지 않고 몇 시간씩 책을 보는 샤오시에게 호감을 느껴 내가 먼저 말을 걸었다. 우리는 그렇게 친구가 됐다.

군사학교에 오는 게 꿈이었냐는 내 질문에 뭔가를 생각하는 듯, 샤오시는 아무 말도 하지 않았다. 그로부터 몇 년이 지난 후에야 그가 그때 무엇을 고민했는지 알게 됐다. 이곳에 오는 게 자신의 꿈인지, 아니면 부모님의 꿈인지 샤오시 스스로도 알지 못했기 때문이다. 한동안 침묵을 지키던 샤오시가 입을 열었다.

"맞아, 군사학교를 다니는 게 내 꿈이었어."

그날 베이징의 하늘은 유난히 푸르게 빛났다. 하지만 푸르른 하늘은 당시 나와 샤오시의 마음처럼 텅 비어 있었다.

나와 샤오시는 그룹 우위에텐의 노래를 무척 좋아했던 터라 종종 작은 식당에 앉아 맥주를 마시며 〈고집(倔强)〉이라는 노래를 흥얼거렸다. 나중에 우위에텐의 콘서트를 보러 가자는 내 제안에 샤오시는 눈을 반짝이며 고개를 끄덕였다. 그 일을 계기로 우리는 좀 더 가까운 사이로 발전했다. 샤오시는 자신이 본 책을 내게 추천해 줬고, 나는 책을 읽고 쓴 감상문 노트를 샤오시에게 보여 주기도 했다.

군사학교를 다니면서 나처럼 책을 좋아하는 동기들을 여럿 만났다. 우리는 자신이 얻은 지식을 공유하며 서로의 꿈에 대해 이야기했다. 그중에서도 샤오시는 여전히 탁월한 실력을 자랑했다. 이틀마다 책 한 권씩 읽는 것도 모자라 그 안의 내용을 우리에게 논리정연하게 들려주기도 했다. 영어경시대회, 수학경시대회, 컴퓨터 자격증 시험 등에 도전하며 우리는 서로의 성장을 격

려했다.

하지만 내가 학교를 그만두면서 샤오시와의 연락도 크게 줄었다. 학교를 나가기 하루 전에 나는 친구들과의 작별을 고하는 식사 자리를 마련했다. 군복 차림의 동기들과 달리 나 혼자 사복을 입고 있었다. 우리는 술잔을 주고받으며 아쉬운 마음을 달랬다.

학교를 떠나기 전, 샤오시는 혼자서 날 찾아왔다.

"샹룽, 예전부터 난 네가 부러웠어. 나처럼 부모님이 너만 쳐다보고 계시는 게 아니니까 하고 싶은 일 하면서 마음껏 자유롭게 살아."

"나도 네가 부러웠어. 군인이 되겠다는 네 꿈을 부모님이 응원하고 계시잖아."

내 말에 샤오시는 고개를 세게 저었다.

"아니, 이건 내가 원하는 삶이 아니야."

"그럼 네가 원하는 삶이 뭔데?"

"나도 잘 모르겠어. 하지만 지금의 삶이 내가 원하는 게 아니라는 건 확실히 알고 있어."

더 이상 묻지 못하고 샤오시의 어깨를 토닥였다.

"한 번 마음먹은 이상 용감하게 덤벼 봐. 정말 네가 원하는 삶이 아니라면 빨리 움직여. 시간이 지날수록 행동으로 옮기기 어려울 거야."

아무 말도 없는 샤오시를 향해 작별인사를 했다.

그 뒤로 샤오시한테서 아무런 연락도 오지 않았다. 우연한 기회에 샤오시가 졸업 후 근무지 배정을 기다리는 중이라는 소식을 들었다. 아들이 베이징에서 계속 일할 수 있도록 부모님이 연줄을 찾는 데 전 재산을 몽땅 털었다고 했다. 배정 결과가 발표되던 날, 샤오시는 자신이 베이징에서 멀리 떨어진 오지로 발령받았다는 것을 알고 바닥에 털썩 주저앉았다. 그는 베이징을 떠나기 전에 나를 비롯한 많은 사람들에게 메시지를 보냈다.

"I'll be back!"

그 후 샤오시가 근무하는 곳을 두 번 정도 찾아갔는데, 샤오시의 상태가 썩 좋아 보이지 않았다. 근무지를 처음 찾아갔을 때 샤오시는 미간을 잔뜩 찌푸린 채 필름이 끊길 때까지 술을 마시거나 연신 줄담배를 피워 댔다. 안쓰러운 마음에 샤오시에게 그만 괴로워하라고 위로했다.

"너 아직 젊잖아, 역전할 수 있는 기회가 충분히 있으니까 이제 기운 내. 성공하려면 꼭 베이징에 가야 한다고 누가 그래?"

"네가 몰라서 그래. 이건 내가 원하는 게 아니야."

"그럼 네가 원하는 삶이 뭔데?"

지난번과 똑같은 질문을 던졌다.

독한 담배연기를 내뱉던 샤오시는 잘 모르겠다며 자리를 떠났다. 멀어져 가는 그의 모습을 보면서 뭐라고 말해야 할지 몰랐지만 친구가 무척 괴로워하고 있다는 것은 분명했다. 수심에 잠긴 샤오시를 위로해 주고 싶었다. 하지만 뭘 어떻게 해야 할지 감을 잡을 수가 없었다.

얼마 뒤 샤오시는 전역 신청서를 냈다. 그러나 상관이 딱 8년만 채워달라며 부탁했다고 한다. 그리고 샤오시를 만나러 다시 그곳에 찾아갔을 때, 그는 부쩍 말수가 적었다. 아니, 거의 없었다. 내가 한 마디 하면 반나절이나 지나서 마지못해 대답하곤 했다. 말 떨어지기가 무섭게 대답했던, 더 이상 빠릿빠릿한 샤오시가 아니었다. 여전히 웃기는 했지만 그건 그냥 얼굴 가죽을 일그러뜨린 것이지 진심에서 우러난 웃음이 아니었다. SNS에 올린 글도 반년 전의 것이었다.

전화도 받기 싫어했다. 전화라는 존재 자체를 혐오하는 것 같았다. 한번은 그의 부모님으로부터 전화가 왔는데, 샤오시는 전화가 끊길 때까지 그냥 멍하니 바라만 보고 있었다. 그 모습에 나는 폭발하고 말았다. 친구가 망가져 가는 것을 더 이상 옆에서 지켜볼 수만은 없었다.

"도저히 안 되겠다. 우리 우위에텐 콘서트에 가자!"

내 말에 샤오시는 눈을 반짝였다. 한참 뒤에야 그러자며 고개를 끄덕였다. 그의 눈빛이 그렇게 반짝이는 건 정말 오랜만이었다.

난 당장 선양(沈陽)에서 열리는 콘서트 표를 두 장 샀다. 샤오시도 휴가를 신청했다. 우여곡절 끝에 찾아간 콘서트, 샤오시가 그 자리에서 울었는지 잘 모르겠지만 콘서트를 다녀온 뒤 뭔가 변화가 있었던 것은 분명했다.

반년 만에 샤오시가 SNS에 글을 올렸다.

"꿈"

비록 한 글자에 불과했지만 그 무게감은 실로 엄청났다. 과연 샤오시가 말하는 꿈은 무엇일까? 부모님의 희망, 마을 사람들의 기대, 주변의 시선, 아니면 자신이 추구하는 그 무언가? 어떤 의미인지는 잘 몰랐지만 나는 '좋아요'를 눌렀다. 내가 할 수 있는 것이라고는 이게 전부였다. 그의 앞날을 묵묵히 축복하고 응원하는 것⋯⋯.

그 이후로 샤오시는 SNS에 종종 글이나 사진을 올리기도 하고, 내게 전화를 걸어 안부를 묻기도 했다. 그의 웃음소리를 듣고 있자니 마음이 한결 편안해졌다.

그러던 어느 날, 샤오시로부터 그곳을 떠난다는 메시지를 받았다.

"축하해. 어디로 갈 생각인데?"

"리장, 거기서 카페를 열 생각이야."

이번에야말로 샤오시가 자신이 원하는 삶을 살 것이라고 생각했다. 하지만 현실은 그리 녹록지 않았다. 꽤 오랜 시간이 흐른 뒤에 부모님의 반대로 샤오시가 리장으로 떠나지 못했다는 소식을 듣게 됐다.

아들이 전역 신청서를 냈다는 소식에 부모님은 밤새 차를 타고 달려왔다. 지금의 자리를 계속해서 지켜줬으면 하는 부모님과 달리 샤오시는 새로운 출발을 꿈꿨다.

부모님과 샤오시는 서로를 설득하려고 노력했지만 결국 감정만 상하고 말았다. 그러자 아버지가 최후의 카드를 꺼내들었다. 아버지가 건네 준 종이를 샤오시는 멍하니 들여다봤다. 진단서였다. '간암 초기'라는 글자가 또렷하게 보였다. 의학을 전공한 것은 아니었지만 암이 얼마나 무서운 병이라는 것을 샤오시가 모를 리 없었다. 벼락을 맞은 것처럼 샤오시는 그 자리에서 꼼짝도 하지 않았다. 항상 엄하기만 했던 아버지가 눈물을 글썽이며 아들에게 계속 버텨 달라고 부탁했다. 아버지가 건넨 종이 한 장, 말 한 마디에 샤오시는 또 무너져 내렸다. 마음에 담아뒀던 말을 쏟아 내고 싶었지만 쇠약해진 아버지 앞에서는 아무 말도 하지 못했다. 그는 무릎을 꿇고서 고개를 끄덕였다.

며칠 뒤 부모님이 떠나고 샤오시만 홀로 그곳에 남았다. 한없이 평탄한 삶도, 버거운 주변의 기대도 더 이상 견딜 수 없었다. 나중에 근무지를 바꿀 기회가 몇 번이나 찾아왔지만 샤오시는 번번이 거절했다. 여전히 베이징에 돌아갈 생각이냐는 누군가의 물음에 샤오시는 긴 한숨을 내뱉으며 말했다.

"아뇨, 이젠 포기하려고요. 발버둥 쳐 봤자 소용도 없으니까요……."

샤오시는 다시 원래의 삶으로 서서히 돌아가기 시작했다. 사람들과 어울리는 시간이 줄어드는 대신 혼자서 지내는 시간은 점점 늘어갔다. 밤마다 잠을 설치는 시간도 점점 길어졌다. 병원에 치료를 받으러 다니면서 다행히 증세는 좀 나아진 것 같았다. 최근에 샤오시를 만난 친구도 확실히 좋아진 것 같다고 했다.

"성격이 많이 밝아진 것 같아. 그런데 걸핏하면 화를 내더군. 사람들한테 거친 말을 내뱉기도 하고 함부로 대해. 물건을 부수는 것도 모자라 주먹다짐도 하더라."

아무래도 샤오시의 증상이 우울증에서 조급증으로 발전한 것 같았다.

《왼쪽 뇌를 가진 천재, 오른쪽 뇌를 가진 미치광이(天才在左, 瘋子在右)》를 읽고서 우울증, 조급증을 앓고 있는 세상의 모든 미치광이가 한때는 천재였다는 사실을 알게 됐다. 대체 누가 그들을 미치광이로 만드는가? 사회, 가족, 아니면 나 자신?

속 시원히 답을 알 순 없지만 샤오시가 정상이 아니란 건 분명했다. 걸핏하면 다른 사람한테 시비를 걸거나 물건을 때려 부수고 주먹까지 휘두르던 샤오시는 결국 병원에 갇혀 진정제를 맞는 신세가 됐다. 우울증에다가 술과 담배를 끊지 못해 건강도 많이 안 좋은 상태였다.

그가 우울증에 걸렸다는 사실이 내게는 새삼스러운 이야기가 아니다. 왜냐면 샤오시는 평생을 참고 견디며 살아왔기 때문이다. 가족, 일, 마음으로부터의 구속에서 그는 단 한 번도 벗어난 적 없었다. 결국 쌓아왔던 화가 폭발하고 만 것이다.

다시 그를 만난 곳은 정신병원이었다. 끊임없이 뭔가를 중얼거리던 샤오시는 가끔 가다가 큰 목소리로 누구나 알 법한 유명한 정부 지도자의 이름을 들먹거리기도 했다. 자신이 힘 좀 쓰는 누구누구와 아는 사이이며, 자신이 세운 정책이 세상을 바꿀 것이라고 떠들기도 했다.

'과대망상증'이라는 의사의 진단에 나는 그렇지 않다고 맞받아쳤다. 왜냐면 나는 열정과 희망이 넘쳤던 샤오시를 그 누구보다도 잘 알고 있었기 때문이다. 군사학교 시절, 그는 서민의 고충과 애환을 헤아릴 줄 아는 관료가 되고 싶다고 여러 번 말한 적 있었다. 베이징에 머물면서 자신의 지식과 열정으로 자신의 꿈을 이루고 더 나은 세상이 되도록 싸우고 싶다고 했다. 단지 그뿐이었다. 그건 망상이 아니라 그의 한때 꿈이었다. 이제는 산산이 조각나 버린 그의 꿈…….

과일을 사들고 나는 병실 안으로 들어갔다. 다행히 기억력에는 아무 문제가 없었는지 내가 들어가자 환하게 웃으며 재미있는 농담을 들려주겠다고 했다. 그의 밝은 미소와 대조적으로 내 눈가는 붉게 변했다.

영혼 없는 미소를 짓던 그가 갑자기 알 수 없는 말을 큰 소리로 늘어놓기 시작했다. 무슨 말인지 알아들을 수는 없었지만 몇 번이고 베이징이라고 이야기했다. 그의 가장 화려한 시절이자, 동시에 그에게는 가장 아픈 꿈이기도 한 베이징……. 처음 만난 시절의 샤오시는 더 이상 만날 수 없었다.

그는 대체 어떤 일을 겪었던 것일까? 가정, 친구, 일… 주변 것들이 그에게 어떤 영향을 미친 것일까? 샤오시는 도대체 자기 자신에게 무슨 짓을 한 걸까?

몇 시간 더 머물다가 나는 작별을 고했다. 아픈 샤오시를 더 이상 볼 자신이 없었다. 녀석을 보기만 해도 울음이 터져 나올 것 같아 꿀떡꿀떡 참았다.

의식이 흐릿해진 샤오시가 날 바라보며 입을 열었다.

"우리 언제 다시 공부할 수 있는 거야?"

병원을 나오면서 불현듯 이런 생각이 들었다.

'만약 샤오시가 자신의 꿈을 포기하지 않았다면, 부모님의 반

대에도 좀 더 용감하게 맞섰더라면, 만약 다른 사람보다 자신을 먼저 생각했더라면, 만약에…….'

하지만 우리의 삶에 그렇게 많은 '만약'은 존재하지 않는다. 오로지 지금 이 순간만 존재할 뿐이다. 그래서 우리는 매사에 최선을 다해야 한다.

집으로 돌아가 전화번호부를 뒤졌다. 언제 한번 밥 먹자며 인사만 나누던 친구들한테 전화를 걸었다. 오랫동안 보지 못했던 부모님을 비롯해서 최근 연락이 뜸해진 친구들한테도 연락했다. 하고 싶었지만 시간이 없다는 이유로 차일피일 미뤄왔던 일을 더 이상은 미루고 싶지 않았다.

우리는 그래도 아직 젊다는 생각에 소중한 시간을 허비하거나 해야 할 일을 차일피일 미루기 일쑤다. 세월의 무게를 절감하지 못한 탓에 저지른 실수는 시간이 지날수록 되돌릴 수 없을 정도로 커져만 간다.

이 글을 통해 자신이 좋아하는 일에 도전하고, 자신이 사랑하는 사람을 마음껏 사랑하기 바란다.

그리고 마지막으로,

힘내라, 친구야!

안녕하세요, 리샹룽입니다. 읽어주셔서 감사합니다.

이 책은 저의 세 번째 작품이자, 세 번째 '자식'이랍니다. 알고 지내는 여성 작가가 그러더군요, 작품이 탄생할 때마다 아이를 낳는 것처럼 힘들지만 행복하다고……. 아이를 낳는 건 잘 모르겠지만 어떤 기분인지는 저도 알 것 같습니다.

그동안 책을 세 권 쓰고 편집일도 했더니 시간이 쏜살같이 흘렀습니다. 문득 돌이켜보니 제 나이도 곧 있으면 30대네요. 청춘이 끝나면 펜을 들 수 없게 되는 건 아닌지 요새 고민이 많습니다.

최근 들어 우다커우의 쌴롄(三聯)서점에서 밤을 새며 글을 쓰고 있습니다. 이곳은 24시간 영업하는 곳이라, 입구에 들어가자마자 왼쪽에 자리 잡은 카페에서 아메리카노를 주문합니다. 그런 뒤에 밤 10시부터 다음 날 해가 뜰 때까지 글을 쓰곤 하죠.

일하다 보면 밤늦도록 공부하는 학생들을 볼 수 있습니다. 시험을 코앞에 둔 그들과 서서히 밝아오는 하늘을 보며 우리들에게 책이 유일한 위로라는 사실을 깨닫기도 합니다. 아무도 내 곁을 지켜

주지 않을 때, 한 줄기 빛이 보이지 않던 시절에 책을 품에 안고 탁자에 쓰러져 단잠을 청하는 사람들을 종종 볼 수 있었습니다. 그들의 모습을 떠올려보며 이제야 글을 쓴다는 의미를 조금씩 깨닫고 있습니다. 책에 빽빽하게 들어차 있는 글자 하나하나가 그 글을 읽는 사람에게 힘을 준다는 것을요.

제 책을 손에 쥔 채 이곳에서 자는 사람을 아직까지는 보지 못했지만 제 글이, 깊은 밤 혼자 있는 사람들에게 많은 힘을 불어넣어줬다는 이야기를 들은 적 있습니다. 그저 제가 사는 이야기를 기록하고 싶었던 것뿐, 제 글이 누군가에게 따뜻한 위로를 건네주리라고는 꿈에도 생각한 적 없습니다. 저처럼 당신도 우리의 삶이 노력을 통해 바뀔 수 있다는 사실을 믿어줘서 고맙다고 말씀드리고 싶네요. 물질이나 사회적 지위처럼 겉으로 드러나는 것을 집착하는 세상에서 노력의 가치를 있는 그대로 믿는 사람은 아쉽게도 그리 많지 않습니다.

원고를 넘기기 마지막 순간에 후기를 쓰고 있는 지금, '고맙다'는 말 외에 지금의 기분을 달리 표현할 길이 없군요. 우리가 모두 글을 사랑해서 고맙고, 내 이야기를 좋아해줘서 고맙습니다. 그리고 글 때문에 우리 스스로 변하게 됐다는 사실에 또 고맙습니다.

이번 책의 편집을 책임진 담당자가 원고를 살피며 만족스러운 표정으로 이렇게 말했답니다.

"베스트셀러 두 권을 연달아 발표한 뒤에 내는 세 번째 책이네요. 그런데도 내용이 줄기는커녕 늘어나다니 대단하세요."

신작이 출간되면서 저는 여태껏 그래왔던 것처럼 전국 각지를 돌며 독자를 만납니다. 조금이라도 젊었을 때, 아직 희망과 열정이 있을 때 한 분의 독자라도 더 만나고 싶습니다. 같은 눈높이에서 이야기를 들려주고, 독자의 목소리를 듣고 싶습니다.

앞서 두 권의 책이 출판됐을 때 사람들은 '내 영혼의 닭고기스프'와 같은 내용일 것이라고 생각했지만 실제로 책을 읽고 난 뒤에는 자신들의 예상이 틀렸다는 반응을 보였습니다. 숨겨진 의미보다 겉으로 드러난 현상이나 결과에 집착하는 사회적 분위기 속에서 대부분의 사람들은 작가의 글도 끝까지 읽어보지 않은 채 마음대로 '꼬리표'를 붙이기 때문이죠.

제 글이 누군가의 영혼을 위로해 줄 수 있는 닭고기스프가 될지 어떨지 알 수 없지만 당신에게 도움이 되었다면 그것만으로 충분합니다.

사람 말이라는 게 참 무섭습니다. 누군가가 말뜻을 오해하는 경우를 주변에서 어렵지 않게 볼 수 있죠. 그래서 지금껏 전 제 자신을 이렇게 응원합니다.

자신의 일에 최선을 다하고 경쟁자에게 목표를 내주지 않도록 목표에서 눈을 떼지 마라. 남들이 뭐라고 하든지 신경 쓸 것 없다! 젊었을 때는 주변 사람들로부터 찬밥 취급받거나 자신에 대한 사람들의 오해를 풀지 못하는 상황에 처할 수도 있다. 하지만 당황할 것 없다. 이러한 시련과 위기는 앞으로 나아가는 데 만나게 되는 걸림돌일 뿐이다. 결코 너를 쓰러뜨리지 못하고 더 강한 사람이 되도록 힘이 되어 줄 것이다. 혼자서 뭔가를 하다 보면 사람들과 제대로 어울리지 못한다며 잔소리를 늘어놓거나 더 높게 성장하기 위해 노력하면 실패의 가능성부터 이야기하는 사람들이 우리 주변에 꼭 있기 마련이다. 사람은 세상을 살면서 다른 사람의 시선이 아닌 나 자신을 위해 싸워야 한다!

여러분 덕분에 저는 베이징이라는 도시에서 원하는 일을 할 수 있는 힘을 얻었답니다.

옷깃만 스쳐도 인연이라고 합니다. 수많은 인연 중에서 저를 만나 주셔서 감사합니다. 그리고 앞으로도 그 인연을 계속 지킬 수 있었으면 좋겠습니다.

제 글이 당신과 함께하고, 당신과 함께 성장할 수 있기를…….

베이징 우다오커우에서 리샹룽

월등하거나
열등하거나

초판 1쇄 인쇄 ㅣ 2018년 3월 20일
초판 1쇄 발행 ㅣ 2018년 3월 30일

지은이 ㅣ 리샹룽(李尚龍)
옮긴이 ㅣ 이지은
발행인 ㅣ 김남석

발행처 ㅣ ㈜대원사
주 소 ㅣ 06342 서울시 강남구 양재대로 55길 37, 302
전 화 ㅣ (02)757-6711, 6717~9
팩시밀리 ㅣ (02)775-8043
등록번호 ㅣ 제3-191호
홈페이지 ㅣ http://www.daewonsa.co.kr

ⓒ 리샹룽(李尚龍), 2018

Daewonsa Publishing Co., Ltd
Printed in Korea 2018

ISBN ㅣ 978-89-369-2032-6

이 책의 국립중앙도서관 출판시 도서목록(CIP)은 e-CIP홈페이지(http://www.nl.go.kr/ecip)에서
이용하실 수 있습니다. (CIP제어번호 : CIP2018007557)